오늘 행복하고
내일도 행복한 서초를
함께 만들어가시죠~

전성수.

전성수의
화답

전성수의
화답

전성수 자전 에세이

퍼블터

추천사

'화답 행정'으로
서초의 미래를 열고 있는 전성수 구청장

송상현
서울대학교 명예교수

저는 오랜 세월 서울대학교 법과대학에서 법학을 연구하고 국제사법 분야에 몸담아 오면서, 법과 제도가 단순히 규범에 그치지 않고 인간의 삶에 어떻게 긍정적인 영향을 미칠 수 있는지에 대해 깊이 고민해왔습니다. 수많은 제자들이 저의 가르침을 거쳐 사회 각 분야로 진출했지만, 그중에서도 전성수 구청장은 저에게 늘 자부심을 안겨주는 제자 중 한 명입니다.

이번에 전성수 서초구청장이 그간의 구정 경험과 철학을 담은 책을 출간한다고 들었습니다. 저는 이 책이 서초의 오늘을 만들고 내일을 열어가는 데 귀한 이정표가 될 거라 확신하며, 기쁜 마음으로 추천합니다.

먼저 제가 가르쳤던 법학의 정신이 행정에서 어떻게 구현될 수 있는지를 전 구청장은 몸소 보여주고 있습니다. 서초구는 대법원, 대검찰청 등 대한민국 사법의 심장부가 모여 있는 독특한 지리적 이점을 활용하여 아시아·태평양 지역 '사법정의 허브' 조성을 추진하고 있습니다. 이는 단순히 법률 기관이 밀집한 지역을 넘어, 법의 정신이 문화처럼 숨 쉬는 '법률 문화의 거리'를 만들겠다는 비전입니다. 법의 역사와 사법 제도를 체험할 수 있는 사법 견학 프로그램, 법률 교육과 전시회, 영화 상영회, 콘서트 등 다양하고 친근한 프로그램을 통해 법률 서비스의 문턱을 낮추고, 구민들이 법을 보다 가깝게 느낄 수 있도록 하고 있습니다. 이처럼 법률 전문가의 영역으로만 여겨지던 법을 구민의 일상 속으로 끌어들여, 공정하고 따뜻한 법의 도시를 만들려는 전 구청장의 노력은 서초의 품격을 한층 더 높이고 있습니다.

또한, 대형마트 규제 완화는 구민의 불편을 해소하고 시대 변화에 발맞춘 전 구청장의 과감한 결단이었습니다. 주말 쇼핑의 자유를 되찾아주고, 대형마트의 새벽 배송을 가능케 하여 구민 편의를 획기적으로 증진시켰을 뿐 아니라, 소상공인과의 상생 방안까지 모색하며 유통 산업 전반에 활력을 불어넣었습니다. 이는 낡은 규제가 구민의 삶을 옥죄고 산업 발전을 가로막는 현실을 직시하고 '일이 되도록' 만드는 행정의 본보기를 보여준 것입니다.

'디지털민원실'의 전면 시행은 구민들의 숙원사항이었던 민원 처리의 불편함을 해소한 혁신적인 시도입니다. 스마트폰과 QR코드를 활용해 종이 서류 없이 민원을 처리하고 대기 시간을 획기적으로 단축한 것은, 기술이 구민의 삶을 어떻게 스마트하게 바꿀 수 있는지 여실히 보여줍니다. 이는 '기다림 없는 행정'을 구현하려는 전성수 구청장의 깊은 고민의 결과입니다.

우리 사회의 가장 취약한 곳까지 살피는 촘촘한 복지 안전망 구축 역시 전 구청장의 '화답 행정'이 빛을 발하는 부분입니다. 따뜻한 공동체를 향한 진심이 담긴 '서리풀 돌봄SOS 서비스', '함께키움 공동육아' 등 보육 정책, 어르신들의 활기찬 노년을 위한 '시니어라운지' 역시 인상 깊습니다. 이 외에도 '골목상권 활성화', '무장애숲길'로 구민 일상에 행복을 선사하고, '양재 AI 특구' 지정 등을 통해 서초의 미래를 AI 혁신으로 이끌겠다는 담대한 비전을 제시했습니다.

이러한 구민 중심의 '화답 행정'이 어떻게 서초의 변화를 이끌어냈는지 생생하게 기록한 결과가 여기에 담겨 있습니다. 서초 구민

들에게는 자부심을, 그리고 미래를 고민하는 많은 이들에게는 새로운 영감과 지혜를 선사할 것입니다.

 전성수 서초구청장의 뜻깊은 출간을 진심으로 축하하며, 앞으로도 서초가 대한민국을 넘어 세계 속에서 빛나는 모범 도시로 발전해 나가기를 응원합니다.

책을 펴내며

경청과 화답으로 이어지는
서초 전성시대

　'서초구청장 전성수'라는 이름으로 맞이하는 네 번째 여름, 이 책을 세상에 내놓게 된 건 저의 개인적인 이야기에 앞서 구민 여러분과 함께 쌓아온 서초구의 성장 기록을 나누기 위함입니다. 이 책의 제목인 '전성수의 화답(和答)'은 "행정은 경청하고 잘 응답하는 것"이라는 구청장 전성수의 제1원칙이자 지향점을 뜻합니다.

　취임 이후, 저는 '오늘 행복하고 내일이 기다려지는 서초'를 만들겠다는 구민과의 약속을 가슴에 품고 밤낮으로 서초 곳곳을 누볐습니다. '찾아가는 전성 수다', '구청장 좀 만납시다'와 같은 소통의 장을 통해 많은 구민들을 만나고, 생활 현장의 목소리 하나하나에 귀 기울였습니다. 그때마다 '이게 바로 행정이 응답해야 할 민원이고, 풀어드려야 할 숙원이구나'라고 깨달으며 저 또한 성장했습니다.

　이 책의 주인공은 제가 아니라, 41만 구민의 목소리에서 시작된 '살기 좋은 서초'입니다. 행정은 단순히 정해진 규칙을 따르거나, 위에서 내려오는 지침을 수행하는 소극적인 역할에 머물러선 안 된다고 생각합니다. 구민의 일상 속 사소한 불편도 내 일처럼 느끼고

'안 되는 것'을 '될 수 있도록' 만드는 것이 구청장으로서 제 소임이라 믿습니다.

돌이켜보면, 지난 시간 서초는 여러 변화를 겪었습니다. 그리고 그 중심에는 언제나 구민 여러분의 생생한 목소리가 있었습니다. "주말 마트 이용이 불편해요", "민원서류 작성에 진땀 뺐어요"라는 의견은 대형마트 규제 완화와 디지털민원실 도입으로 이어져 구민 편의와 행정 효율을 높였습니다. 또 "우리 동네 상권이 예전 같지 않다"라는 상인들의 호소는 12개 '골목상권 문전성시 3대 프로젝트' 추진으로 이어져 지역 경제에 활력을 불어넣었습니다. 아울러 보행약자를 위한 교대역 13, 14번 출구 앞 등 10곳의 '횡단보도 개통'은 "지하철 계단 오르락내리락하느라 무릎이 아팠는데 너무 좋다"는 어르신의 뜨거운 호응으로 제게 큰 보람이 되기도 했습니다.

이 모든 변화는 저 혼자만의 힘으로 이룬 게 아닙니다. 구민 여러분의 적극적인 참여와 지지, 여기에 진심으로 화답한 1,900여 명 서초 공직자들 덕분에 가능했습니다.

이 책을 펼쳐주신 여러분의 삶에도 '오늘의 행복'과 '내일의 기대'로 전성시대가 전개되길 힘차게 응원합니다.

2025년 8월
서초구청장
전성수

‖ 차 례 ‖

추천사
'화답 행정'으로 서초의 미래를 열고 있는 전성수 구청장   4
송상현 서울대학교 명예교수

책을 펴내며
경청과 화답으로 이어지는 서초 전성시대   8

1부   행정은 화답이다

1장 | 낮은 자세로 주민 속으로

민선 8기 서초구청장 당선, 서초 전성시대의 시작   17
구청장 1호 결재 '일상 회복 프로젝트'   22
신동초 6학년 6반의 '구청장에게 바란다'   30
오늘도 내일도, 구민 삶의 현장 속으로   34

2장 | 언제나 정답은 현장에 있다

집중호우 위기의 현장 한가운데서   41
구민의 행복은 안전에서 시작된다는 것   48
살아있는 현장, 양재천은 서초다움의 진수   54
서초의 뿌리, 말죽거리를 거닐며   58
맑은 숨을 위한 약속, 서초 금연 정책   61

3장 | 구정의 중심은 기승전 주민

해답은 늘 생각보다 가까이 있다   67
주민의 목소리가 곧 구청장 지시   71
구민의 일상이 되는 모두의 보훈   77
사계절 아이들이 뛰노는 행복 서초   81

4장 | 청년이 주인인 '청년 1번지' 서초

서초 미래를 여는 청년 일자리   87
응원의 진심을 담은 자격증·어학시험 응시료 지원   93
청년의, 청년에 의한, 청년을 위한 서초   98
칭찬은 청년 사무관도 춤추게 한다   104

2부 혼자 가면 길이지만 함께 가면 역사가 된다

1장 | 희망이 피어나는 공감 행정

수다로 꽃피운 111번의 수요일   111
잇는 건 좋아요! 나는 '횡단보도 구청장'   116
'고터·세빛 관광특구', 세계로 통하는 서초   122
구청장실 찾은 서초 꿈나무들   126
아이들의 인성과 꿈을 키워주는 '서리풀샘'   129

2장 | 숙원사업 해결사, 구민이 행복한 성과 행정

- 서초의 숙원사업, 현장에서 길을 찾다   137
- 10년의 기다림, 우면산터널 양방향 버스 운행 시작   145
- 서초는 지금 '골목상권 전성시대'   149
- 대형마트 의무 휴일 평일로, 시대 변화에 응답하다   155
- 엄정한 행정대집행으로 구민 일상을 지키다   164
- 기초지자체 최초 옴부즈만 사무국 구성   170

3장 | 행복의 선순환, 나눔 행정

- 생활 속 선한 영향력, 착한 서초코인   175
- 주민 모두 행복한 양성평등 서초를 향해   182
- 무장애숲길과 서행길에서 누구나 행복해지길   187
- 작은 실천이 만드는 푸른 서초   193

4장 | 따뜻한 동행, 사각지대 없는 맞춤형 복지

- 어르신 삶의 활력소, 느티나무쉼터와 시니어라운지   201
- 따뜻한 동행이 만드는 희망, 서초형 복지 안전망   207
- 스마트시니어 사업, 어르신 삶에 온기를 더하다   212
- 아이와 가족 모두에게 행복한 일상을   218
- 서초 미래를 위한 품앗이, 서초 보육 정책   223
- 따뜻한 기억 공동체, 서초 치매 안심마을   229

5장 | 일상이 예술이 되는 서초

반포대로 문화벨트, 서초의 심장을 사로잡다   233
지식과 감성이 교차하는 '서초 책있는 거리'   238
북페이백, 책 읽는 '4색 즐거움'   243
국내 최장 지하 갤러리, '서울의 24시 벽화'와 '피카소 벽화'   249
내 마음의 버킷리스트 No.1   254

3부 품격 있는 글로벌 미래 도시 서초

1장 | AI · 데이터 기반의 스마트 행정 도시

세계가 인정한 혁신 도시, 서초   261
전국 최초 디지털민원실, 구민 삶을 스마트하게   267
서초의 미래, 양재 AI미래융합혁신특구   272
스마트 행정 혁신, 서초의 미래를 바꾸다   280

2장 | 고품격 글로벌 도시 서초를 향해

따뜻한 법의 도시, 아·태 사법정의 허브   285
서초와 세계를 잇는 풀뿌리 외교   293
'혈맹' 태국 파타야 시와 '형제의 나라' 튀르키예   299
아프리카 가나 학생들, 서초 매력에 '퐁당'   302
양재천변에 심은 자유 민주주의, 하벨 벤치   305

1부

행정은 화답이다

01

낮은 자세로 주민 속으로

민선 8기 서초구청장 당선,
서초 전성시대의 시작

   3년 전인 2022년 6월 1일. 민선 8기 서초구청장 당선인으로 호명되던 순간, 감격의 기쁨과 함께 더 나은 서초의 내일을 향한 막중한 책임감이 어깨를 짓눌렀다. 선거운동 기간 내내 구민 한 분 한 분의 손을 잡고 눈을 맞추며 들었던 수많은 이야기와 '오늘 행복하고 내일이 기다려지는 서초'를 만들겠다는 구민들과의 약속이 주마등처럼 스쳐 갔다.

   그날의 승리는 전성수 한 개인만의 영광이 아니었다. 서초구 투표율은 서울에서 최고치인 56.0%를 기록했고, 나는 서울시 구청장 중에서 가장 높은 70.87% 득표율로 당선되었다. 이처럼 압도적인 지지는 41만 서초 구민이 내게 보내주신 깊은 신뢰이자, 변화와 혁신을 향한 뜨거운 열망의 표현이라는 생각이 들었다. 높은 지지율만큼 더욱 무거운 책임감이 다가왔다. '구민 한 분의 손이라도 더 잡고, 구민 한 분의 눈이라도 더 맞추겠다'라는 초심을 잃지 않겠다고 다짐했다.

구민의 목소리로 빚어낸 '서초 비전'

선거운동을 하면서 나는 세 가지 다짐을 가슴에 새겼다. 첫째는 전심전력(全心全力)을 다해 구정에 임하고, 둘째는 성심성의(誠心誠意)를 다해 구민을 섬기며, 셋째는 수구초심(首丘初心)을 잊지 않겠다는 것이다. 이 세 가지 다짐은 구호로서뿐만 아니라 내가 서초구청장으로서 나아가야 할 길을 알려주는 이정표로 삼았다.

임기 첫날, 코로나19로 힘든 시간을 보내는 주민들을 생각하며 취임식을 검소하고 조용하게 치렀다. 취임과 함께 주민들의 삶이 코로나19 발생 이전으로 회복할 수 있도록 지원하는 '일상 회복 100일 프로젝트팀'을 즉시 가동했다. 이는 선거운동을 하면서 항상 강조했던 '공감, 성과, 나눔'이라는 행정 3원칙을 구정에 접목하겠다는 의지를 보여주는 첫걸음이었다.

선거는 내게 서초의 현안을 더 깊이 이해하고, 구민들의 진정한 바람이 무엇인지 깨닫게 해준 소중한 시간이었다. 구민들과 서초 발전에 관한 다양한 의견 교환과 다방면의 소통을 통해 '오늘 행복하고 내일이 기다려지는 서초'라는 민선 8기 서초의 비전을 수립했다. 이 비전은 8대 정책 목표와 100개 공약으로 구체화 되었다. 8대 정책 목표는 다음과 같다.

① **안전한 일상** : 예측 불가능한 재난과 범죄로부터 구민의 생명과 재산을 최우선으로 지킨다. 2022년 8월 집중호우로 인한 아픔을 겪으며 수해 방

지 대책에 모든 역량을 집중하겠다고 다짐했다.

② **깨끗한 환경** : 맑은 물, 시원한 바람, 싱그러운 녹지 공간, 깨끗한 거리로 쾌적한 생활환경을 조성한다.

③ **숨 쉬는 문화** : 풍부한 문화 인프라를 바탕으로 다양한 예술 콘텐츠를 일상에서 쉽게 누리는 문화예술 도시를 만든다. 서초동 법조단지 일대를 '사법정의 허브'로 지정하여 법률 문화를 확산하겠다는 공약도 이와 궤를 같이 한다.

④ **미래를 위한 보육과 교육** : 안심할 수 있고, 마음 편한 보육·교육 환경 조성으로 아이들의 밝은 미래를 책임진다.

⑤ **민생경제와 청년 일자리** : 지역 경제를 활성화하고 우수 인재들이 마음껏 일할 수 있도록 적극 지원한다. '양재 AI미래융합혁신특구' 지정을 통해 미래 먹거리를 확보하겠다는 비전도 여기에 포함된다.

⑥ **약자와의 동행** : 단 한 분의 구민도 빠짐없이 손쉽게 도움받을 수 있어 외롭지 않은, 구민 모두 행복한 도시를 만든다. '서초 복지 Factory'를 통해 복지 사각지대를 해소하는 맞춤형 복지를 제공하고 있다.

⑦ **도시 인프라 조성** : 편리한 교통체계 구축과 효율적인 도시 개발로 서초의 미래 지도를 새롭게 그린다.

⑧ **투명하고 신뢰받는 행정** : 구민의 작은 의견에도 귀 기울이고 구민과 격의 없이 소통하며 믿음 주는 구정을 펼친다. '디지털민원실' 운영으로 행정의 편리성과 투명성 강화 공약도 이 비전의 일환이다.

2022년 7월 1일, 서초문화예술회관에서 열린 취임식을 통해 '서초구 전성시대'를 위한 민선 8기 서초 구정의 정식 출범을 알렸다. '안전'과 '민생' 두 단어를 마음에 품고 민선 8기 서초구청장으로서 임기 첫날을 시작했다.

선거 기간 동안 나는 '혼자 가면 길이 되지만, 함께 가면 역사가 된다'라는 말을 자주 되뇌곤 했다. 구청장 한 사람의 의지로 서초의 변화를 이끌어 갈 수 없다. 구민의 적극적인 관심과 참여, 그리고 1,900여 명에 달하는 서초구 동료 공직자들의 헌신이 함께할 때 서초의 변화는 가능하기 때문이다. 그렇게 될 때, 비로소 '오늘 행복하고 내일이 기다려지는 서초'라는 비전이 현실이 될 수 있다고 믿는다.

구청장 당선 후에도 선거 때와 변함없이 주민 생활 현장으로 달려갔다. 주민 한 분의 말씀이라도 더 듣고, 주민 한 분의 눈이라도 더 맞추며, 주민 한 분의 손이라도 더 잡겠다는 초심을 잃지 않겠다는 굳은 의지였다. 구민의 작은 목소리 하나하나가 서초의 정책이 되고, 서초의 미래를 만들어가는 소중한 씨앗이 되기 때문이다.

서초 구민들이 내게 보내주신 뜨거운 지지와 관심을 결코 잊을 수 없다. 그 지지 속에는 서초를 안전하고, 풍요롭고, 따뜻한 품격 있는 도시로 만들어 달라는 간절한 염원이 담겨 있음을 잘 알고 있다.

나는 '서초 전성시대'를 활짝 열기 위해 '전심전력, 성심성의, 수구초심'의 자세로 구정에 임해 왔고 앞으로도 그럴 것이다. 41만 서초 구민에게 약속드렸다. 구민의 삶에 도움이 되는, 구민에게 힘이 되는 구청장이 되어 언제 어디서나 "서초에 살고 있다"는 것을 자랑스럽게 얘기할 수 있게 해드리겠다고. 나는 구민과의 약속을 지키기 위해 오늘도 힘차게 전진하고 있다.

구청장 1호 결재
'일상 회복 프로젝트'

2022년 7월 1일, '안전'과 '민생' 두 단어를 마음에 품고 민선 8기 서초구청장으로서 임기 첫날을 시작했다. 우선 코로나19 팬데믹으로 몸과 마음 모두 지친 구민들의 일상을 코로나19 이전으로 안전하게 회복하기 위한 신속한 지원책이 필요했다.

출근길에 먼저 구청 4층에 있는 재난안전대책본부에 들러 코로나19와 집중호우 상황을 살폈다. 이후 5층 집무실에서 '서초구 일상 회복 100일 프로젝트 계획' 결재를 시작으로, 본격적인 민선 8기 서초 구정 업무에 들어갔다.

'서초구 일상 회복 100일 프로젝트'는 구민과의 첫 약속이었다. 보건·건강·복지·지역경제·문화체육·교육 등 분야별로 팀을 꾸리고 해당 분야 전문가들의 다양한 의견을 모아 '맞춤형 회복 프로그램'을 시행하는 계획이었다. 구청장으로서 구민의 삶과 실질적인 민생을 최우선으로 챙기겠다는 결연한 의지였다.

이날 오후 서초문화예술회관에서 열린 취임식을 통해 '서초구 전

임기 첫날 먼저 4층에 있는 재난안전대책본부에 들러 코로나19와 집중호우 상황을 살폈다. 이후 5층 집무실에서 '서초구 일상 회복 100일 프로젝트 계획' 결재를 시작으로, 본격적인 민선 8기 서초 구정 업무에 들어갔다.

성시대'를 위한 민선 8기 서초 구정의 정식 출범을 알렸다. 취임 일성으로 서초 발전의 청사진과 주요 현안 사업에 대한 계획을 밝히고 앞으로 추진할 당면한 현안 과제를 제시했다. '공감 행정, 성과 행정, 나눔 행정' 등 행정 3원칙을 구정에 접목하여 오로지 서초 구민들의 행복 증진을 위해 현안 사업들을 하나하나 해결해 가겠다고 41만 구민에게 약속드렸다.

구청장으로서 나의 소명은 오직 서초구 발전과 구민의 행복을 위한 '구민 중심의 행정'을 펼치는 것이다. 이를 통해 '오늘 행복하고 내일이 기다려지는 서초'를 만들어 구민 모두가 희망찬 미래를 꿈꾸고, 행복한 일상을 즐길 수 있게 해드리는 것이다.

3년이 지난 지금도 그 마음은 한치도 변함없다. 남은 임기 동안에도 "현장에서 바라보고 현장에서 문제를 찾아 진정으로 '구민의 생활에 도움이 되는, 구민에게 힘이 되는 구청장'이 되겠다"는 취임 당시의 다짐을 되새기며 오늘도 힘차게 현장으로 달려간다.

봄철 해빙기를 맞아 안전점검에 나선 모습. "현장에서 바라보고 현장에서 문제를 찾아 진정으로 '구민의 생활에 도움이 되는, 구민에게 힘이 되는 구청장'이 되겠다"는 취임 당시의 다짐을 되새기며 오늘도 힘차게 현장으로 달려가고 있다.

취임사

주민들 생활 현장이 구청장 일터

존경하고 사랑하는 서초 구민 여러분!

오늘 '서초구 전성시대'를 열기 위한 첫걸음을 내딛습니다. 지방자치 민선 8기를 시작하는 뜻깊고도 역사적인 날입니다.

오늘이 있기까지 지난 6월 1일 전국 지방 동시 선거에서 서울 자치구 중 최고의 투표율을 보여주신 서초 구민 여러분께 깊은 감사와 존경의 말씀을 드립니다.

또한 서울시 구청장 당선인 중에서 저에게 70.87%라는 가장 높은 지지를 보내 주신 서초 구민의 열의에 대해서도 고마운 마음과 함께 무거운 책임감을 느낍니다.

이번에 관행처럼 해오던 구청장 인수위원회는 따로 꾸리지 않았습니다. 대신 '일하는 구청장 당선인 사무실'로 필요한 업무만을 보고 받았습니다. 그것은 민선 7기의 좋은 성과들을 더욱 발전시키는 것은 물론 공직자들의 업무 부담을 조금이라도 덜어주기 위해서였습니다. 실사구시 행정으로 관행이나 제도에 얽매이지 않고 실질 성과를 중심에 두겠다는 의미입니다.

존경하는 서초 구민 여러분!

제가 선거운동을 하면서 구민들로부터 가장 많이 들었던 요청은 "윤석열 정부와 함께 지방 정부가 민생을 잘 보살피고, 일을 잘해 달라"는 것이었습니다. 어떻게 보면 너무나 평범한 주문이지만 저는 지난 정부가 국민 다수에게 셀 수 없는 낭패감을 안겨준 결과가 아닌가 판단하며, 새 정부의 책임의 무게를 태산같이 느끼고 있습니다. 앞으로 구민의 기대에 걸맞게 '다시 도약하는 대한민국,

함께 잘 사는 국민의 나라'가 우리 서초구에서 가장 잘 실현될 수 있도록 혼신의 노력을 다하겠습니다.

이를 위해 저는 취임 즉시 구민들이 코로나19 이전의 온전한 일상으로 돌아갈 수 있도록 '100일 일상 회복 프로젝트팀'을 가동해 보건, 건강, 문화체육, 지역경제 등 각 분야별로 행정 지원을 아끼지 않겠습니다.

또 코로나19로 어려움을 겪어왔던 소상공인과 중소기업에 대해서는 경영 안정 자금을 적극적으로 지원하고, 지난 2년간 열지 못했던 고품격 음악축제 '서리풀 페스티벌'을 오는 9월에 개최해 이를 계기로 다시 시작하는 서초를 만들어 나가겠습니다.

구민 여러분께서 많은 관심과 기대를 갖고 있는 '재건축과 재개발의 신속한 추진', '경부 고속도로 지하화', '양재역 GTX-C 복합 환승 센터' 사업 등도 중앙부처, 서울시와 손을 잡고 반드시 효과적인 해법을 만들어 내겠습니다.

대전환의 시대를 맞아 미래를 선도하고 대한민국 표준을 이끄는 서초구로 만들어 가겠습니다. 이를 위해 양재동 일대를 R&D 혁신 허브로 지정하고, AI 기반 디지털 미래 융합 혁신 지구로 조성하겠습니다. 나아가 관련 교육 기반을 확장해서 AI, 빅데이터, 블록체인, 메타버스 분야 전문 인력을 적극 육성하겠습니다.

사랑하는 서초 구민 여러분!

저는 '행정 3원칙'으로 구민들께 제시한 공약을 이행하고, 서초구의 청사진을 그리겠습니다.

첫 번째, 행정은 구민들의 목소리에 귀 기울이고 구민 입장에서 생각하는 '공감 행정'에서 시작할 것입니다. 따라서 현장의 목소리를 경청하고 어떤 일이든 구민의 눈높이에서 판단하고 구민과 함께 머리를 맞대고 해결책을 마련하겠습니다.

두 번째로 '성과 행정'입니다. 구청장은 말로 일을 하는 것이 아니라 반드시 성과로 구민들의 평가를 받겠습니다.

세 번째는 '나눔 행정'입니다. 구민들과 함께 만들어 낸 성과는 필요한 구민에게 그 혜택이 돌아가도록 하겠습니다.

이러한 '행정 3원칙'을 구정에 접목해 개인의 업적을 위한 것이 아닌, 오로지 서초 구민들의 행복 증진을 위해 현안 사업들을 하나하나 해결해 나갈 것입니다.

저, 전성수는 청와대와 행정안전부 등 중앙 정부를 거치며 정책 역량을 강화해 왔습니다. 또 서울시와 인천시를 거치며 지방 행정의 현장 중요성도 익혔습니다. 이런 현장 경험과 네트워크를 바탕으로 '행정통, 정책통, 서울통'에 더해 이제는 '서초통'이 되려고 합니다. 이는 서초 구민과 소통하고, 서초에 대해 정통하며, 서초가 대한민국의 중심이 돼야 한다는 선언입니다.

저는 41만 서초 구민들을 위해 '오늘 행복하고 내일이 기다려지는 서초'를 만들려고 합니다. 이는 거창한 것이 아니라, 구민들께서 생활 현장에서 "오늘 참 행복했다. 내일이 기다려진다"고 생각하며 희망과 기대의 일상을 즐기게 해드리는 것입니다.

'농작물은 농부의 발자국 소리를 듣고 자란다'는 말이 있습니다. 농작물도 농부의 각별한 노력과 관심이 있어야만 제대로 성장할 수 있다는 의미입니다. 저는 서초구 발전과 서초 구민의 행복을 위해 농부의 마음으로 4년의 여정에 온 마음을 다하겠습니다.

존경하고 사랑하는 서초 구민 여러분!

한 고대 철학자에 따르면 한 가지 소리는 아름다운 음악이 되지 못하고, 한 가지 색은 찬란한 빛을 이루지 못하며, 한 가지 맛은 진미를 내지 못한다고 합니다. 이 말을 우리 서초구에 빗대보면 서초의 변화를 이끄는 원동력은 서초 구민 전체로부터 나오고 저와 1,900여 명의 서초구청 동료들, 그리고 오늘 취임식에 참석하신 여러분께서 함께할 때, 비로소 '오늘 행복하고 내일이 기다려지는 서초'가 완성될 수 있습니다. 결국 아름다운 음악과 찬란한 빛, 그리고 진미처럼 소중한 서초가 탄생하는 것은 저와 여러분들이 함께 할 때 가능할 것입니다.

저는 지난 선거 기간 동안 "주민들의 생활 현장이 나의 일터"라는 말을 자주

했습니다. 이는 제 행정 철학과 방향을 그대로 담고 있는 말이기도 합니다. 즉 구청 건물과 조직 안에서가 아닌, 현장에서 바라보고 현장에서 문제를 찾아 진정으로 '구민의 생활에 도움이 되는, 구민에게 힘이 되는 구청장'이 되겠습니다.

서초구청장인 저에게 무거운 책임감과 함께 결코 포기할 수 없는 소망이 있다면 바로 '서초 전성시대를 이끄는 전성수'가 되겠다는 것입니다. '전심전력'을 다하겠습니다. '성심성의'를 다하겠습니다. '수구초심'을 잊지 않겠습니다.

'오늘 행복하고 내일이 기다려지는 서초'는 지금부터 시작입니다. 이를 위해 저는 역지사지의 자세로 언제나 구민 편에서 서초 전체를 위한 조화로운 해결책을 마련하겠습니다. 또 겸손한 자세로 소통하고 서초 구민의 자긍심에 걸맞은 행정과 정책을 실현해 나가겠습니다. 감사합니다.

2022년 7월 1일
서초구청장 전성수

신동초 6학년 6반의
'구청장에게 바란다'

2023년 3월, 서초구청 홈페이지 '구청장에게 바란다'에 기특한 글이 올라왔다. 초등학교 인근에서 신축 아파트 공사를 하고 있는데 학생들이 다치지 않게 노란색으로 안전지대를 표시해 달라는 내용이었다. 글을 올린 이들은 잠원동에 있는 서울신동초등학교 6학년 6반 정하린 학생과 모둠 친구들이었다.

"안녕하세요. 저희는 서울신동초등학교 6학년 6반 학생들입니다. 구청장님, 요즘 저희 학교 근처에선 아파트 공사를 하고 있습니다. 휴대폰을 보다 패인 곳에 빠질 뻔한 학생을 직접 봤기에 공사장이 더욱 위험해 보였습니다. 그러다 최근 배웠던 옐로 카펫 설치 사업이 떠올랐습니다. 공사장 쪽으로 길이 새지 않게 노란색으로 안전지대를 표시해 주시면 사고의 위험도 줄일 수 있을 것입니다."

사회과목 수업 중, '공공의 문제'에 대해 배우다가 위와 같이 의견을 모아 글을 올리게 되었다는 내용이었다. 야무진 해결 방안까지 제시된 글을 보고 감탄이 절로 나왔다. 이 기특한 친구들을 얼른 만나보고 싶었다.

달달한 봄비가 내리던 4월 초, '찾아가는 전성 수다'로 아이들이 말한 통학로 현장을 둘러보았다. 아이들이 올린 글대로 도로는 울퉁불퉁하여 걷기에 불편했고, 통학로는 제대로 확보돼 있지 않았다. 먼저 울퉁불퉁한 도로부터 평탄하게 포장을 끝냈다. 보도 또한 안전한 통학로 확보를 위해 5월 초로 앞당겨 임시 개방할 수 있도록 곧바로 조치했다.

그 후, 신동초 6학년 6반 교실을 찾아 초롱초롱 빛나는 서초 꿈나무들을 만났다. 아이들과 눈을 맞춰가며 격의 없는 얘기를 하다 보니 예정된 시간이 금세 지나갔다. 아이들과 얘기를 마치며 응원의 글을 여러 장 써주었다. 한 자 한 자 애정을 담아 응원의 글을 써 내려가다가 문득 구청장 예비후보 때, 신동초 교문 앞에서 부모의 마음으로 아이들을 바라보던 순간이 떠올랐다. 그때 품었던 소망처럼 서초의 꿈이자 우리의 미래인 아이들이 해맑고 씩씩하게 꿈을 키워갈 수 있는 세상을 희망해 본다.

기고문

교육의 미래 결정짓는 소중한 한 표, 내일 꼭!

지난 7월 서울 서초구와 교육 교류를 하는 아프리카 가나의 중학생 10명이 구청을 방문했다. 점심으로 동덕여자중학교 학생들과 떡볶이를 만들어 먹었다는 말에 '아이고, 너무 매울 텐데…'란 생각에 눈이 휘둥그레졌다. 그런 내 모습이 재미있었는지, 아니면 속마음을 읽기라도 한 건지 가나 학생들은 까르르 웃으며 "간장 떡볶이였어요"라고 말해줬다. 나중에 안 사실이지만, 가나 사람들은 고추장만큼이나 매운 '시토(shito)' 소스를 즐긴다고 한다. 역시 배움에는 끝이 없다. 구청장으로서 필자는 우리 아이들이 폭넓은 경험을 통해 내면이 꽉 찬 사람으로 성장하기를 바란다.

서초구와 가나 학생들의 교류도 이러한 염원이 반영된 소중한 결실이다. 앞서 구 대표단이 가나 아크라를 방문해 유네스코 한국·가나위원회와 3자 협약을 맺고, 양국 학생의 지속적인 교류를 약속했다.

그 결과 지난 여름 가나 학생들이 우리 구를 찾아 음악 수업 등을 함께 들으며 한국 학생들과 교감할 수 있었다. 양국 학생 모두에게 문화적 다양성에 대한 이해와 존중, 국제적 시각과 역량을 체득하는 기회가 됐을 것이다.

서초구는 명실공히 '문화예술의 도시'답게 문화예술 분야에서 선도적인 교육 정책을 펼치고 있다. 가나 학생들도 참여한 '1인 1악기 수업'은 관내 모든 초등학교에서 시행 중이다. 이에 더해 '1학교 1오케스트라'를 목표로 잠원초와 교대부초, 우솔초를 '사운드 오브 서초 오케스트라 선도학교'로 운영하고 있다. 선도학교에는 악기구매비 최대 3억원과 음악예술실 조성비 1억원, 전문 악기 강사 연간 2,000시간 파견 등 아낌없는 지원을 한다. 이는 악기 연주와 오케스트라 무대라는 특별한 경험의 문턱을 낮춰 누구나 예술적 재능을 발견하고 꽃피울 수 있는 '서초 미래'를 위한 밑거름이다. 가나 학생들도 현지에서 1인 1악기 수업을 받을 수 있도록 지원책을 검토하고 있다. 언젠가 서초구와 가나 학생들이 아름다운 선율로 협연할 날을 고대한다.

디지털 대전환기를 맞아 '따뜻한 인공지능(AI) 공교육'에도 힘쓰고 있다. 디지털 역량 강화와 동시에 AI 윤리를 중심으로 한 디지털 리터러시 교육으로 온기를 더했다. 지난해 우리 구 12개 초중·고등학교에 시범 도입해 디지털 기기 지원과 맞춤형 AI 교육을 진행한 '서초형 스마트 교육'은 높은 성취도와 만족도를 얻었다. 내년부터 교육부가 단계적으로 시행하는 AI 디지털 교과서와도 시너지를 낼 것으로 기대된다.

아이들에게 무궁무진한 가능성을 발견할 기회를 주고, 변화를 선도하는 교육 정책이야말로 우리가 바라는 내일을 창조할 힘이 되리라 믿는다. 다시 7월의 그 닐로 돌아가보자. 한 가나 학생이 호기심 가득한 눈망울로 "구청장은 투표로 뽑히나요?"라고 물었던 순간이 떠오른다.

주민의 대리인으로서 정책을 실현해나가는 자부심을 갖고 "그렇다"고 답해줬다. 서초구는 서울에서 항상 높은 투표율을 보이는 지역이라는 자랑도 한 줄 보탰다. 하루 앞으로 다가온 서울시교육감 보궐선거에서도 많은 분이 소중한 한 표를 꼭 행사하시길 바란다. 우리의 미래를 결정지을 교육은, 바로 우리의 손끝에서 시작된다는 점을 명심하면서.

(세계일보, 2024.10.15.)

오늘도 내일도, 구민 삶의 현장 속으로

30여 년간 공직에 몸담아 오며 수많은 정책을 입안하고 실행해 보았다. 행정의 기본은 논리와 데이터, 체계적인 분석에 있다고 믿어왔다. 하지만 서초구청장이라는 자리에 앉아 보니 그게 아니었다. 행정의 진정한 정답은 건조한 통계표나 복잡한 보고서에 있는 게 아니라 주민들의 뜨거운 삶의 현장에 있었다. 내가 스스로 서초를 선택했다고 생각했는데 그게 아니었다. 서초가 나를 선택하여 행정의 정답을 찾아 나서도록 이끌어 주고 있었다.

나는 구청장으로서 정해진 의전이나 형식적인 보고를 벗어나, 때로는 홀로, 때로는 몇몇 참모들과 함께 서초의 골목골목을 누볐다. 대로변의 웅장하고 화려함 뒤에 가려진 작은 상점들, 재건축에 대한 기대와 불안이 교차하는 오래된 아파트 단지들, 그리고 주민들 삶의 애환이 스며있는 작은 공원들까지 두루두루 돌아봤다.

그저 발길 닿는 대로 이곳저곳 둘러보며 서초의 숨겨진 얼굴들을 만났다. 그곳에선 사무실 책상머리에 앉아서는 결코 알 수 없었던 서초의 진짜 이야기를 들을 수 있었다. 주민들 삶에서 우러나오는 생생한 현장의 목소리를 통해 행정의 방향을 다시 설정할 수 있었다. 현장은 내게 서초의 심장 박동을 느끼게 해주었다. 그리고 내가 나아가야 할 길을 명확히 제시해 주었다.

서초의 현장에서 배우고 깨달은 공동체의 지혜

　서초의 현장은 내게 가장 생생하고 값진 교육의 장이다. 현장에서 서초다움의 진정한 의미를 깨달았고, 행정가로서의 시야를 넓힐 수 있었다. 가장 먼저 나의 눈길을 이끈 곳은 문화의 현장이다. 서초의 상징인 예술의전당에서 단순히 공연 관람을 넘어, 혼신의 힘을 다해 공연하는 예술인들, 공연을 보러 오는 주민들 삶의 이야기를 듣고 싶었다. 예술의전당 주변을 돌아보며 다양한 사람들을 만났다. 소규모 갤러리를 운영하는 사장님을 만나서는 요즘 예술계 트렌드에 대해 들었고, 버스킹을 하는 젊은 예술가들을 만나서는 그들의 꿈을 향한 열정에 대해 들었다.

　나는 이들이 우리 서초의 문화적 품격을 만들어가고 높여주는 숨은 주역들이라고 생각한다. 그들의 열정과 고민을 현장에서 들으며, 서초를 '문화 소비 도시'가 아닌 '문화 생산 및 향유의 중심 도시'로 만들어야겠다는 확신을 갖게 됐다. 이때의 경험이 서초 문화벨트 조성을 추진하는 데 중요한 영감이 되었다. 문화가 주민의 삶에 어떻게 스며들고, 어떤 활력을 불어넣을 수 있는지 현장에서 직접 배운 것이 톡톡히 한몫한 셈이다.

　다시 발길이 닿은 곳은 서초의 골목상권가이다. 방배동 카페골목, 양재천 인근의 상점가들은 서초의 또 다른 얼굴을 보여준다. 동네 슈퍼에서 물건을 사며 주인들과 이야기를 나누었다. 코로나19를 겪으며 어려움을 겪는 소상공인들의 절박한 목소리, 그럼에도 불구하고 꿋꿋하게 자리를 지키며 이웃과 정을 나누는 그들의 모습은 감동과 울림 그 자체였다. 구청장으로서 그들의 어려움을 해결하고 지역 경제에 활력을 불어넣으려면 어떻게 해야 할까, 고민했다.

　그 고민의 결과가 디지털 지역 활성화 모델인 '서초코인'이다. 현장에서 주민들의 필요를 직접 보고 들었기에, 탁상공론이 아닌 실질적 도움이 될 수 있는 정책을 구상할 수 있었다. 서초코인은 돈을 벌기 위한 수단으로 가상화폐거래소를 통해 유통되는 일반 코인과는 다르다. 주민들이 지역공동체에 기여하고 그 가치를 인정받는 서초의 품격에 어울리는 선한 영향력을 확산하는 '착한 코인'이다.

　미래의 현장인 교육과 혁신의 공간을 찾았다. 명문 학군으로 유명한 서초구 관내 학교들을 방문하여 학생과 교사의 이야기를 들었고 '양재 AI미래융합혁신특구'를 찾아 스타트업 대표와 직원들도 만났다. 아이들의 꿈과 젊은이들의 열정은 서초의 미래를 밝히는 빛이다. 이들의 목소리를 통해 미래 교육의 방향과 혁신 생태계 조성의 필요성을 절실히 느꼈다. 현장에서 직접 보고 공감한 것들은 서초의 교육정책과 미래 산업 육성 전략에 그대로 반영됐다.

현장에서 찾은 정답

서초의 현장에서 보낸 시간은 행정의 진정한 정답은 언제나 주민들의 삶 속에 있다는 것을 가르쳐주었다. 책상 위에서 아무리 완벽한 정책을 구상해도 현장의 목소리에 귀 기울이지 않으면 탁상공론에 불과하다는 것을 깨닫게 해주었다. 서초의 현장은 나에게 겸손함을 가르쳤고, 끊임없이 배우고 소통하는 행정가의 자세를 일깨워주었다.

이제 서초는 내게 단순한 근무지가 아니다. 모든 것을 바쳐 지켜가야 할 소중한 약속이자, 나의 '화답 행정' 철학의 근간이 된 '영원한 현장'이다. 예술의전당의 문화적 품격, 양재천의 자연 친화적인 여유, 골목골목에 스며든 따뜻한 공동체 의식까지 서초다움의 모든 가치를 현장에서 직접 느끼고 보존하며 발전시켜 나갈 것이다.

41만 서초 구민께 언제나 현장에서 답을 찾고, 주민의 목소리를 나침반 삼아 서초의 미래를 설계하겠다고, 디지털 혁신을 통해 더욱 편리하고 안전한 스마트 도시 서초를 구현하겠다고, 그래서 모든 세대가 어울려 살아가는 따뜻한 공동체 서초를 만들겠다고 약속했다. 행정의 정답은 언제나 현장에 있다. 전성수의 현장은 언제나 서초이고, 그 현장에서 배우고 깨달은 지혜를 서초의 더 나은 내일을 위해 쏟아부을 것이다.

규제 풀어 '일이 되도록' 만드는 게 행정이다

돛과 밧줄로 이뤄진 범선은 바람의 힘으로 나아간다. 출항하려면 밧줄을 팽팽히 당겨 돛을 올려야 하지만 항해하다 보면 밧줄을 느슨하게 풀어 바람을 받아들여야 할 때도 있다. 행정도 마찬가지다. 민생의 바람을 타고 순항하려면 굳게 묶인 밧줄을 풀어야 하는 순간이 반드시 온다.

지난해 말 서초구 재건축 지역을 꽁꽁 묶고 있던 밧줄 하나가 풀렸다. 개정된 '토양환경보전법 시행규칙'이 시행된 것이다. '불소 토양오염 우려 기준치'가 완화돼 지역주민과 사업장 부담을 한층 덜게 되었다. 불소는 치약 원료 등 일상생활과 산업현장에서 유용하게 쓰이지만 인체에 과다 노출 시 부작용을 일으키는 법정 관리대상 물질이다. 기준을 초과하는 불소가 토양에서 발견되면 정화 책임자인 사업자 등은 토양을 정화할 의무가 있다.

이는 환경과 개발의 균형을 위해서는 꼭 필요한 규제다. 다만 개정 전 기준은 미국이나 일본에 비해 10배 가까이 엄격했다. 또 국내 토양 대부분이 자연 불소 함량이 높은 화강암 지대라는 지질학적 특성을 고려하지 않아 불합리하다는 지적이 많았다. 불소 규제는 방배동 등 재건축 지역에 걸림돌이 돼 왔다. 재건축 과정에서 불소 오염이 확인되면 토양 정밀조사와 정화 작업에 최대 몇 년이나 걸리는 시간과 비용이 들기 때문이다. 방배5구역은 약 750억 원, 방배6구역은 약 400억 원의 토양 정화비용 부담으로 착공이 지연되며 어려움을 겪었다.

서초구는 지난 2년간 주민 의견에 따라 불소 규제 완화를 위한 목소리를 내왔다. 환경부와 국무조정실 방문, 장관 건의, 공문 등으로 재건축 현장의 어려움을 알리고 합리적인 규제 완화를 촉구했다. 입법예고 기간에도 방배13·15구역 등 재건축사업장, 서울법원 제2청사를 준비 중인 법원행정처와 함께 환경부에 추가 의견을 제출했다. 노력 끝에 다행스럽게도 불소 기준이 합리화되는 법령 개정을 이끌어 낼 수 있었다. 특히 주거지의 경우 기준이 2배 완화돼 숨통이 트였다고 할 수 있다. 방배13구역은 정비구역 내 불소 정화비용이 약 10분의 1로 줄었고, 방배신동아, 반포1·2·4주구 등 5개소는 정화명령이 면제되었다.

이번엔 양재동으로 눈을 돌려보자. 이곳에선 규제 해제로 인한 기대감이 솟고 있다. 지난해 11월 중소벤처기업부가 양재·우면동 일대를 '인공지능(AI) 특구'로 지정하면서 특허법, 출입국관리법 등 6개 규제 특례가 적용되고 있다. 특허출원 우선심사로 기술이전 속도가 높아지고, 외국인 사증 발급절차 완화와 체류기간 연장으로 해외 우수인력을 끌어당기며 '글로벌 AI 중심도시'로 위용을 갖춰가고 있다. 또 지방재정투자사업 타당성 심사면제로 1,100억원 규모 'AI스타트업 육성펀드' 조성에도 탄력이 붙었다.

AI 혁신 시대 새로운 성장동력이 꿈틀대는 지금, 열린 규제가 절실하다고 생각한다. 예외적으로만 규제하는 '네거티브 규제'가 필요한 타이밍이다. 불합리한 규제는 걷어내고, 성장과 도약의 가능성은 넓혀야 한다.

지방정부의 가장 중요한 덕목은 주민 일상 가장 가까이에서 민생의 흐름을 읽는 유연함을 갖춰 '일이 되도록' 하는 것이다. 주민과 기업, 노동자와 사업가 모두 바다를 항해하는 여정에서 지방정부는 암초가 아닌 등대로 빛나야 한다. 그 빛은 우리 도시의 운명을 바꿀 것이다.

(아시아경제, 2025.6.23.)

02

언제나 정답은 현장에 있다

집중호우 위기의 현장 한가운데서

2022년 8월 8일, 그날을 결코 잊을 수 없다. 서초구청장 임기를 시작한 지, 한 달 남짓 지났을 때다. 여름철 집중호우에 대비한 긴급 대응 태세를 점검하며 바쁜 일정을 보내고 있었다. 서초는 늘 품격 있고 정돈된 도시다. 고고한 자태의 예술의전당, 묵직한 위엄을 뽐내는 서초동 법조타운, 평화로운 풍경의 양재천은 서초의 일상을 상징한다. 하지만 그날 저녁에는 하늘이 마치 서초의 모든 질서를 뒤흔들 듯이 엄청난 양의 비를 쏟아내기 시작했다.

집무실에서 상황 보고를 받던 처음에는 그저 '강한 비' 정도로 생각했다. 그런데 빗줄기는 점점 더 굵어졌고, 빗소리는 천둥처럼 건물을 뒤흔들고 있었다. 채 1시간도 되지 않아 강남역 일대와 서초구 곳곳에서 침수 신고가 빗발치기 시작했다. 강남역 일대는 지리적 특성상 '항아리 지형'으로 집중호우에 취약하다는 점을 알고 있었다. 하지만 그날은 물폭탄이 쏟아지듯 시간당 123㎜라는 상상을 초월한 폭우를 퍼부었다.

위기의 현장 속으로

"구청장님, 강남역 사거리가 무릎까지 잠겼습니다", "사평지하차도의 교통 통제가 어렵습니다", "양재천 수위가 급격히 불어나고 있습니다"

서초 관내 곳곳에서 다급한 보고들이 쉴 새 없이 이어졌다. 창밖을 내다보니, 쏟아지는 비와 번쩍이는 번개가 뒤섞이면서 도로는 순식간에 강으로 변해갔다. 차량들은 물에 잠겨 멈춰 서고, 사람들은 허우적거리며 이리저리 대피하는 모습이 아비규환을 방불케 했다. 나도 모르게 등골이 오싹해지는 것을 느꼈다. '구청장'이라는 이름 석 자의 무게가 그 어느 때보다 무겁게 나를 짓눌렀다. 서초의 안전을 책임지는 수장으로서, 이 전례 없는 위기 앞에서 어떻게 해야 하는가? 지난 30여 년간 쌓아온 공직 생활의 경험과 지식이 한순간에 무력해지는 듯한 두려움이 엄습했다. 서초의 품격과 질서가 한순간에 무너져 내리는 듯한 충격 속에서, 나는 서초의 진짜 얼굴을 보았다. 위기의 순간 드러나는 취약성 속에서도 피어나는 강인한 도시의 본모습을 마주하게 되었다.

나는 지체 없이 현장으로 향했다. 구청장실에서 보고만 받고 있을 수는 없었다. 그날 밤, 나의 집무실은 물에 잠긴 서초 곳곳의 거리와 골목이었다. 강남역 사거리로 향하는 길은 이미 차량으로 뒤엉켜서 아수라장이었다. 겨우 차를 한갓진 곳에 세우고 빗속을 뚫고 가서 보니, 눈앞에 펼쳐진 광경은 참담함 그 자체였다. 지하철역 출입구로는 빗물이 쏟아져 내리고 있었고, 도로 위 차량들은 지붕만 겨우 보일 정도로 물에 잠겨 있었다.

강남역 일대는 서초구와 강남구의 경계지만, 사실상 서초구의 핵심 상권 중심지이다. 이곳이 침수되면 서초 구민들에게 직접적인 영향을 끼치게 된다. 나는 그날 현장에서 소방대원, 경찰, 구청 직원들과 함께 밤새도록 배수 작업과 주민 대피를 지휘했다. 물에 잠긴 상가에서 상인들을 대피시키고, 침수된 지하 주차장에서 차량을 빼내 오는 주민들을 진정시켰다. 빗물과 흙탕물에 온몸은 젖었지만, 주민들의 불안한 눈빛과 절박한 목소리는 나를 멈출 수 없게 했다.

"구청장님, 제 가게가 다 잠겼어요", "집에 갈 수가 없어요."

주민들의 절규는 구청장으로서의 책임감을 더욱 무겁게 했다. 내방역 인근의 저지대도 상황은 심각했다. 순식간에 물이 차오르고 차량들이 고립되면서 자칫하면 인명 피해로 이어질 수 있는 아찔한 상황이었다. 현장에서 직접 주민들 출입 통제를 지휘하고, 고립된 차량의 운전자와 탑승자들 구조 작업을 도왔다. 한 치 앞도 보이지 않는 칠흑 같은 어둠 위로 굵은 빗줄기가 쉴 새 없이 쏟아지는 상황은 극도의 긴장감마저 안겨주었다. 현장을 지키며 묵묵히 맡은 역할을 다하는 소방관들, 경찰관들, 지쳐 쓰러질 것 같으면서도 주민

풍수해를 대비해 용허리공원 빗물 저류조를 찾았다. '화답 행정' 철학의 근간이 된 '영원한 사무실'은 현장이고, 그 핵심 동력은 '주민의 목소리'이다. 나는 언제나 현장에서 답을 찾고, 주민의 목소리를 구정의 가장 중요한 나침반으로 삼고 있다.

들 지원에 애쓰는 구청과 동 주민센터 직원들의 모습은 나에게 큰 용기를 주었다. 이들의 헌신적인 모습이 바로 서초의 진정한 힘이자 '서초다움'이라는 것을 깨닫게 되었다.

다음 날 아침이 되어서야 비는 소강상태에 접어들었다. 서초구 곳곳이 폭우의 흔적으로 처참한 상황이었다. 양재천은 위험 수위까지 올라갔다가 겨우 내려앉았지만, 주변 산책로는 진흙과 온갖 쓰레기로 뒤덮였다. 일부 저지대 주택가는 여전히 침수된 상태였고, 가구와 가전제품들은 온통 폐기물로 변해버렸다. 나는 곧바로 주민들 피해 현장을 찾았다. 망연자실한 표정으로 집 앞을 정리하는 주민들 한 분 한 분의 손을 잡고 위로했다. 주민들은 "구청장님, 저희는 괜찮아요. 다치지 않은 게 다행이죠"라며 오히려 나를 위로했다. 하루아침에 소중한 일상을 빼앗겼으면서도 구청장인 나를 위로하는 주민들의 강인함, 이웃을 먼저 생각하는 주민들의 공감과 연대 의식은 나에게 깊은 감동을 안겨 주었다.

이러한 현장 경험은 내게 리더십의 본질을 다시 돌아보게 했다. 리더십이란 단순히 지시하고 명령하는 것이 아니다. 위기의 순간에 가장 먼저 현장으로 달려가 주민들과 고통을 나누고 주민의 눈높이에서 문제 해결을 위해 온몸으로 부딪히는 것이다. 이제 나의 집무실은 더 이상 청사의 구청장실이 아니다. 물에 잠긴 서초의 거리와 주민들 삶의 현장 곳곳이 집무실이 되었다.

폭우의 상처는 깊었지만, 서초는 다시 의연하게 일어섰다. 피해 복구에 모든 행정력을 집중했다. 침수된 지역의 배수 작업을 신속히 마무리하고, 쓰레기와 잔해물을 치우는 데 총력을 기울였다. 무엇보다 중요한 것은 주민들 일상 회복이었다. 이재민들을 위한 임시 거처를 마련하고, 생필품과 구호 물품을 지원했다. 피해 소상공인들에게는 긴급 자금을 지원하고, 복구 작업을 도왔다. 이 과정에서 주민들의 놀라운 저력과 공동체 의식을 다시 한번 확인할 수 있었다. 자원봉사자들은 너도나도 팔을 걷어붙이고 나섰고, 이웃을 돕기 위한 온정의 손길은 끊이지 않았다. 이것이야말로 내가 바라는 진정한 '서초다움'의 모습이었다.

주민들 삶의 현장에서 배운 리더십

집중폭우로 뼈아픈 경험을 했지만 동시에 많은 것을 새롭게 깨달을 수 있었던 현장이었다. 첫째는 현장 중심 리더십의 중요성이다. 위기 상황에서는 현장의 목소리가 책상 위 보고서보다 훨씬 생생하고 중요하다는 것을 알았다. 현장에서 직접 눈으로 보고, 귀로 들으면서 주민들과 함께 호흡할 때 문제의 해결책을 찾을 수 있다는 것을 깨달았다. 이를 계기로 '나의 집무실은 서초 곳곳의 현장'이라는 신념을 더욱 확고히 다지게 되었다.

둘째는 소통과 공감의 힘이다. 주민들 고통에 진심으로 공감하고, 현장의 목소리에 귀 기울이는 것이 중요했다. 투명하고 신속하게 상황을 알리고, 앞으로의 계획을 공유하며 주민들의 불안감을 해소하는 것이 리더의 역할임을 깨달았다.

셋째는 선제적이고 과학적인 재난 대비의 필요성이다. 과거의 경험에 의존해서는 문제를 해결할 수 없고, 실패의 수렁에 빠져들 수 있다. 기후 변화로 인한 예측 불가능한 재난에 대비하기 위해 서초구 배수 시스템을 전면적으로 재점검하고 강화하는 데 집중했다. 특히 강남역 일대의 침수 문제를 근본적으로 해결하기 위해 서울시와 함께 대심도 빗물터널 건설 등 장기적인 대책 마련에 발 벗고 나섰다. 또한 스마트 기술을 활용한 재난 예측과 경보 시스템을 구축해 '스마트 안전 도시 서초'의 토대를 마련했다.

넷째는 연대와 협력의 공동체 정신이다. 서초 구민들은 위기 앞에서 서로를 돕고 격려하며 놀라운 회복력을 보여주었다. 서초의 공동체 정신은 우리 이웃의 아픔을 외면하지 않고 함께 극복하려는 것에 있다. 이러한 서초의 공동체 정신이야말로 어떤 재난 상황도 이겨낼 수 있는 가장 강력한 힘이라는 점을 깨달았다. 그래서 기존 재난 대응 조직과 달리 보다 효율적으로 대응할 수 있는 자율방재단을 동별로 창설하여 주민 주도로 활동하도록 했다.

3년 전 집중폭우는 깊은 상처를 남겼지만, 동시에 서초를 더욱 단단하고 끈끈한 지역공동체로 만들었다. 나 또한 이 경험을 통해 안전을 최우선으로 삼고, 어떤 위기에도 흔들리지 않는 강한 서초를 만들겠다는 구민에 대한 약속을 다시 한번 다짐했다. 서초의 품격인 '서초다움'은 화려한 겉모습만이 아니라, 위기 앞에서 더욱 빛나는 주민들의 강인한 정신과 공동체 의식에서 나온다는 것을 깨닫게 해주었다.

구민의 행복은
안전에서 시작된다는 것

기후 변화 등으로 인해 예측 불가능한 재난이 빈번해지고 있다. 복합적으로 발생하는 대규모 재난은 언제, 어디서든 예고 없이 일어날 수 있다. 서초 구민들의 소중한 생명과 재산 보호를 최우선으로 해야 하는 구청장으로서 막중한 책임감을 느낀다. '안전한 일상'은 구민이 누려야 할 가장 기본적인 권리이자, 행복한 삶을 위한 필수 조건이다.

서초구는 재난과 범죄, 일상생활의 모든 위험으로부터 구민을 보호하는 '서초 안전망' 구축에 모든 행정 역량을 집중하고 있다. 안전 시설물 설치는 최소한의 기본적 사항이고, 첨단 기술과 따뜻한 돌봄을 결합해 촘촘하고 빈틈없는 안전 시스템을 만들어가고 있다.

재난으로부터 안전한 서초, 예측하고 대비하는 스마트 시스템

"구청장님, 지난 여름 폭우 때는 정말 아찔했어요. 갑자기 물이 불어나는데 어떻게 해야 할지 몰라 발만 동동 굴렀어요."

2022년 여름, 강남역 일대를 덮쳤던 기록적인 폭우는 우리에게 큰 아픔을 남겼다. 당시 침수 현장을 찾아 주민들의 고통을 눈으로 확인하며, 다시는 이러한 비극이 반복되지 않도록 하겠다는 굳은 결심을 했다. 재난은 예고 없이 찾아오지만, 우리는 최대한 예측하고 대비할 수 있어야 한다. 안전을 최우선 가치로 삼아 위험 요소를 사전에 파악하고 제거하는 데 행정력을 집중해야 한다.

서초구는 재난 상황에 대비한 예측 가능하고 효율적 안전 관리를 위해 '디지털 트윈' 기술을 도입하기로 했다. 실제 사물을 가상 세계의 3차원 모델로 구현한 시뮬레이션을 통해 재난 위험을 예측하는 첨단 시스템이다. 관내 주요 시설물에 IoT(사물인터넷) 계측 센서를 부착하여 균열, 기울기, 진동, 습도, 침수 데이터 등을 실시간으로 수집하고 분석하고 있다.

만약 위험 요소가 감지되면, 구에서 운영하는 '스마트시티 통합 플랫폼'과 연계하여 소방서, 경찰서 등 유관기관과 해당 시설 안전 관리 담당자, 주민들에게 즉시 예·경보를 전송하게 되어 있다. 마치 미래를 내다보는 눈처럼, 재난 위험을 사전에 감지하여 구민들이 신속하게 대피하고 대비할 수 있도록 하는 시스템이다.

또한 하천 진출입 원격 차단 시스템을 구축해 폭우로 인한 침수 위험 경보 시, 3분 이내에 하천 진출입을 차단한다. 재난안전대책본부를 24시간 가동하여 즉각적인 재난 상황에 대응하고 있다. '안전한 생활환경 조성'은 구청장으로서 최우선 과제이며, 범죄와 재난, 교통사고 등 예측 불가능한 사회재난 발생을 선제적으로 예방하기 위해 총력을 다하고 있다.

범죄로부터 안전한 서초, 촘촘한 감시와 따뜻한 동행

"밤늦게 귀가할 때마다 불안했는데, 여성 안심 지킴이집과 비상벨 덕분에 마음이 놓여요."

구민들이 안심하게 밤거리를 다닐 수 있는 환경을 만드는 것 또한 안전망 구축의 중요한 한 축이다. 서초구는 범죄 예방을 위한 촘촘한 감시 시스템과 함께 사회적 약자를 위한 따뜻한 동행을 실천하고 있다.

지능형 CCTV 관제시스템은 24시간 서초의 구석구석을 살피며 이상 행동(배회, 쓰러짐, 침입)을 감지하면 관제센터 화면에 자동으로 표출한다. 관제센터에서는 범죄 의심 상황이 확인되면 즉시 112 상황실로 신속하게 전파해 범죄 예방 및 대응에 들어갈 수 있도록 조치한다. 특히 유동 인구가 많은 강남역 일대에는 AI(인공지능)를 활용한 실시간 혼잡도 관제시스템을 구축해 운영하고 있다. 인파가 몰리는 강남역 인근의 인파 밀집도를 도로 전광판에 실시간 표출해 보행자가 혼잡 상황을 쉽게 확인할 수 있다. 또 동 단위 재난 대응 시, CCTV를 활용해 현장을 확인할 수 있도록 '동 주민센터 영상관제'도 도입했다.

"안심 버튼이 있으니 늦은 시간에도 덜 불안해요. 정말 제 손안의 지킴이 같아요."

여성 구민의 안전을 위해 '서리풀 안심 버튼'과 '우리집 안심 키트' 지원사업을 확대했다. '서리풀 안심 버튼'은 스마트폰에 부착하여 위급 상황 시, 버튼만 누르면 경찰에 자동 신고된다. '우리집 안심 키트'는 스마트 초인종, 창문 열림 센서, 휴대용 비상벨 등으로 구성되어 스토킹 등 범죄 피해 예방에 큰 도움을 주고 있다.

아동학대 예방을 위해 지역사회 협력체계를 강화하여 '아동학대 없는 행복한 도시'를 만들기 위한 전방위 활동도 펼치고 있다. 게임형 콘텐츠 '시간이 멈춘 세상'을 통해 아동 학대의 유형과 대처 방법을 재미있게 교육하고 있다. '시간이 멈춘 세상'은 서초구가 전국 최초로 게이미피케이션을 접목해 개발한 아동학대 예방 콘텐츠다. 온라인 기반으로 아이들의 눈높이에 맞춰 제작돼, 전국 지자체 및 기관에서도 활용되고 있다.

서초구청소년상담복지센터와 함께 '찾아가는 아동학대 ZERO 버스'도 운영하고 있다. 버스는 2025년 3월부터 양재근린공원을 시작으로 지역 내 초등학교와 공원 등을 순회하고 있다. 아이들이 버스 안에서 '시간이 멈춘 세상' 콘텐츠를 통해 놀면서 아동 보호에 대해 배울 수 있도록 지원하고 있다.

민간 기관, 경찰 등과의 협력체계를 통해 아동 실종 예방을 위한 지문 사전 등록을 지원하는 등 아이들이 행복하게 성장할 수 있는 촘촘한 안전망을 구축해 운영하고 있다.

일상 속 안전 강화, 스마트 기술과 생활 밀착형 서비스

안전은 거창하게 하는 게 아니다. 우리 일상에서 체감하는 습관이 되어야 한다. 서초구는 구민의 일상생활 속 안전 강화를 위해 스마트 기술을 적극적으로 활용하고 있다. 전국 최초로 보안등 전선에 '전기 차단 안전장치'를 설치해 골목길 감전 및 화재 사고를 예방하고, 야간 보행 안전을 한층 강화했다.

어르신 보행 사고 예방을 위한 노인 보호 구역을 추가 지정하고, 교통사고 다발 지역에 대한 시설 개선을 진행하여 교통안전을 강화했다. 양재천과 반포천 등 수변 지역의 야간 조명도 보강했다. 구민들이 밤에도 안심하고 산책할 수 있는 환경 조성 등 작은 부분까지 놓치지 않고 구민의 안전을 살피고 있다.

이러한 노력으로 국토교통부 주관 '스마트 도시 재인증'을 2회 연속 획득했다. 또한 영국표준협회가 부여하는 스마트 도시 국제표준 '레벨4'인증 유지 등 대외적으로도 인정받고 있다. 서초구가 스마트 기술을 행정서비스 전반에 접목해 주민들이 일상에서 안전하고 편리한 삶을 누리도록 노력한 결과이다.

구민과 함께 만드는 안전한 서초

 '서초 안전망'은 구청장과 구청의 노력만으로 완성될 수 없다. 구민의 적극적 관심과 참여가 더해질 때 안전 도시 서초가 구현될 수 있다. 재난이나 안전 등의 위험 상황을 발견했을 때는 적극적으로 신고해야 한다. 주민 스스로 안전 수칙을 준수하며 이웃에게 따뜻한 관심을 기울이는 실천을 하나하나 해나갈 때, 우리 서초의 안전망은 더욱 튼튼하게 구축될 것이다.

 구청장으로서 구민 안전을 늘 최우선 과제로 삼고, 안전 사각지대 없이 지역 곳곳을 철저히 점검하고 살펴 갈 것이다. 구민 모두가 안심하고 생활할 수 있도록 체계적인 안전망 구축으로 '안전하고 따뜻한 도시 서초'를 만들어가겠다. 구민의 든든한 안전망이 되어드리겠다는 약속을 지키기 위해, 오늘도 주민의 일상 속 현장으로 달려간다.

살아있는 현장, 양재천은 서초다움의 진수

양재천은 나에게 여느 도심 속에서 흔히 보는 하천과는 다르다. 바쁜 일상에서 잠시 멈춰 서서 숨을 고르고, 삶의 활력을 얻어가는 안식처가 되어주는 곳이다. 집무실 창밖으로 보이는 풍경과는 다른, 살아 숨 쉬는 자연의 에너지가 느껴지는 곳이다.

서초구청장으로 취임 이후, 현장 행정을 강조하며 서초의 골목골목을 누볐지만, 양재천은 특별히 더 자주 찾게 되는 공간이다. 이곳을 거닐 때마다 도시와 자연이 어우러진 서초의 '품격'을 온몸으로 느끼곤 한다.

이른 아침, 물안개가 피어오르는 양재천변을 걷노라면, 마치 세상의 모든 소음이 사라지고 자연의 소리만이 들려오는 듯하다. 새들의 지저귀는 소리, 바람에 흔들리는 나뭇잎 소리, 흐르는 물소리가 마치 나에게 말을 걸어오는 듯하다. 그러면서 어느새 마음의 평화를 가져다준다.

이곳에 오면 구청장이라는 무거운 직함의 짐을 잠시 내려놓는다.

전성수라는 한 사람으로서 자연과 교감하며 진정한 '쉼'의 의미를 되새기곤 한다. 이처럼 양재천은 내게 서초의 지속 가능한 발전을 위한 영감을 주는 소중한 공간이다.

양재천, 삶의 숨결이 깃든 곳

양재천은 단순한 도심 하천을 넘어 주민과 도시가 함께 숨 쉬는 서초 구민들의 삶의 숨결이 깃든 살아있는 공간이다. 이곳을 찾을 때마다 주민들의 일상과 희망, 그리고 작은 불편함까지 직접 마주하며 행정의 방향을 잡아나갔다.

가장 먼저 눈에 띄는 것은 주민들의 활기찬 일상이다. 새벽녘부터 밤까지, 양재천변은 운동하는 사람들로 언제나 북적인다. 조깅하는 젊은이들, 자전거를 타는 라이더들, 맨발 걷기를 즐기는 어르신들까지. 그들의 건강하고 활기찬 모습에서 삶의 긍정 에너지를 받는다. 자연스럽게 인사를 나누고, 때로는 함께 걸으며 그들의 이야기를 듣는다. "구청장님, 양재천 덕분에 매일 아침이 상쾌해요. 그런데 가끔 산책로에 쓰레기가 보여서 아쉬워요." 시민 누구나 쉽게 찾아와 이용할 수 있는 산책길에 쓰레기가 있어 옥에 티라는 주민의 작은 건의였다.

즉시 관련 부서에 확인하여 '양재천 환경 지킴이' 활동을 독려하고, 정화 활동을 정례화하도록 했다. 주민들이 자발적으로 참여하여 양재천의 아름다움을 지키는 모습은 서초의 품격을 보여주는

'서초다움'의 진정한 가치이기 때문이다.

양재천은 공동체의 활력이 넘치는 공간이다. 특히 양재천 카페거리는 이곳의 또 다른 자랑거리이다. 아기자기한 카페들과 레스토랑들이 늘어서 있어, 주말이면 많은 사람들이 찾아와 여유를 즐기는 곳이다. 하지만 코로나19를 겪으며 상인들의 어려움도 깊어져 갔다. 한번은 직접 카페에 들러 가게 운영 상황에 관해 물어보았다. "구청장님, 예전 같지가 않아요. 젊은 사람들이 다시 찾아오게 할 방법이 없을까요?" 웃어 보이지만 기운 없는 절박한 하소연은 내 마음을 아프게 했다.

나는 상인들과 머리를 맞대고 양재천 카페거리 활성화 방안을 논의했다. 우선 양재천 보도를 넓히고, 숲속 데크길, 맨발 흙길 등 친환경적 요소를 가미한 시설을 새롭게 조성했다. 그러고 나서 양재천의 감성적인 자연과 함께 문화예술을 만끽할 수 있는 양재아트살롱을 개최했다. 양재천길 수변무대에서 펼쳐지는 다채로운 장르의 버스킹 공연과 특별공연, 양재천길을 거닐며 만나보는 개성 넘치는 수공예품 플리마켓, 잔디광장의 해치와 함께하는 다양한 아트체험, 영동1교 하부에는 맛있는 푸드트럭까지 설치되면서 양재천 카페거리는 예전의 활기찬 일상을 보이기 시작했다.

소상공인과 예술가, 지역 주민, 방문객까지 모두가 함께 예술을 즐기고 교류하게 되자 양재천은 다시 활력이 넘쳐나고 있다. 지원금 지급에 끝나는 것이 아닌 주민들이 자발적으로 지역 상권을 이용하도록 유도하는 선순환 구조는 양재천 카페거리에 다시금 활기를 불어넣었다.

양재천은 자연과 상권만을 품고 있는 곳이 아니다. 옆으로는 대한민국 미래를 이끌어갈 '양재 AI미래융합혁신특구'가 자리하고 있다. 최첨단 인공지능 기술이 연구되고 개발되는 혁신의 현장이 바로 양재천의 푸른 자연과 맞닿아 있다. 이곳을 방문할 때마다 놀라운 대조와 조화를 느끼곤 한다. 자연의 평화로움과 기술의 역동성이 공존하는 서초의 독특한 매력이 바로 이곳 양재천 주변에서 발현되고 있어서다. 양재 AI 특구가 기업들이 모이는 공간을 넘어, 양재천처럼 '지속 가능한 혁신 생태계'로 성장할 수 있도록 아낌없이 지원하고 있다.

이 밖에도 양재천은 '반려동물 친화도시' 서초의 상징이기도 하다. 양재천 산책길에서 만난 한 반려견 주인은 "반려견과 함께 마음껏 뛰어놀 수 있는 공간이 부족해요", "배변 봉투 수거함이 더 필요해요"라고 건의했다. 양재천 옆 공원에 반려견 놀이터와 함께 양재천 곳곳에 펫티켓^{Pet-etiquette} 홍보물과 배변 봉투 수거함도 설치했다. 주민들의 적극적인 참여로 서초는 더욱 성숙한 반려동물 문화를 만들어가고 있다. 양재천은 문화와 휴식이 공존하는 공간으로 주민들의 삶과 요구가 어우러지는, 살아 움직이는 역동적인 삶의 현장이다.

서초의 뿌리, 말죽거리를 거닐며

'말죽거리'라는 이름에서부터 벌써 아득한 옛이야기가 들려오는 듯하다. 도시의 번잡함 속에 희미해졌지만 말죽거리는 조선시대 한양으로 향하는 길목에서 지친 말들에게 죽을 먹이던 역참이었다. 수많은 사람들의 애환과 추억이 교차하던 역사적인 장소다. 현대적인 서초의 풍경과는 사뭇 다른 모습이다. 시간의 겹이 켜켜이 쌓인 깊은 울림이 느껴지는 곳이다.

나는 가끔 양재역 인근의 말죽거리를 거닐곤 한다. 고층 빌딩과 빼곡한 상점들 사이로, 과거의 흔적을 찾기란 쉽지 않지만 길을 걷다 보면, 문득 상상 속에서 옛 선조들의 발자취가 느껴질 때도 있다. 급한 소식을 전하기 위해 밤낮없이 달리던 역졸들, 한양으로 과거를 보러 가던 선비들, 장사를 위해 오가던 보부상들, 그리고 그들을 맞이하며 따뜻한 죽 한 그릇을 내어주던 주막의 풍경까지. 모든 이야기가 마치 영화관의 낡은 필름처럼 머릿속을 스쳐 지나간다. 말죽거리는 서초의 뿌리이자 살아있는 역사 교육의 현장이다.

역사 속 쉼터에서 오늘날의 활력으로

 말죽거리는 '말에게 죽을 먹이던 곳'이라는 지명 이상의 의미가 있다. 이곳은 '쉼'과 '재정비'의 공간이었다. 지친 몸과 마음을 쉬어 가고, 다시 나아갈 힘을 얻던 곳이다. 오늘날 서초가 이 말죽거리의 정신을 이어받아야 한다고 생각한다. 빠르게 변화하는 시대 속에서, 서초 구민들이 잠시 멈춰 서서 숨을 고르고, 다시 힘을 얻어서 나아갈 수 있는 '쉼터'이자 '재충전의 공간'이 되어야 한다.

 오늘날의 말죽거리는 과거와는 확연히 다른 모습으로 변화했다. 옛 주막이 있던 자리에는 현대식 빌딩이 들어서고, 말들이 쉬어가던 넓은 터는 번잡한 도로와 상업 지구로 변모했다. 양재역 사거리 일대는 서초의 주요 교통 허브이자 상업 중심지로, 출퇴근 시간마다 수많은 인파와 차량으로 북적인다. 이곳은 더 이상 말들이 죽을 먹고 쉬어가던 한가로운 풍경이 아니다. 숨 쉴 틈 없이 움직이는 도시의 활력이 넘쳐나는 곳이다.

 이러한 변화 속에서도 나는 말죽거리의 본질적인 가치를 찾으려 노력하고 있다. 과거의 말죽거리가 여행자들에게 쉼과 재충전의 기회를 주었듯, 오늘날의 말죽거리 역시 바쁜 현대인들에게 다양한 방식으로 '쉼'과 '재정비'의 기회를 제공하고 있다. 양재역 주변의 수많은 카페와 식당들이 지친 직장인들에게 잠시 숨을 돌릴 공간을 제공하는 '쉼' 역할이다. 또 하나, 인근의 공원과 녹지는 도시의 소음 속에서 자연의 위로를 선사하는 '재충전'이다. 이곳을 거닐며,

나는 서초가 단순히 '일하는 도시'를 넘어 '쉬고, 즐기고, 다시 나아갈 힘을 얻는 도시'가 되어야 한다고 확신한다.

말죽거리는 또 한 번 거대한 변화를 앞두고 있다. 바로 GTX-C 노선의 양재역 통과와 광역환승센터 건립이다. GTX-C 노선은 수도권 광역교통망의 핵심 축이 될 것이며, 양재역은 그 중심에서 서초의 새로운 관문 역할을 하게 될 것이다. 광역환승센터는 지하철역뿐만 아니라 광역버스 등 다양한 교통수단이 유기적으로 연결되는 복합 교통 허브로 자리매김하게 된다. 이러한 변화는 양재역 일대의 유동 인구를 증가시키고, 서초의 접근성을 획기적으로 개선하게 될 것이다.

이 거대한 변화를 바라보며, 과거 말죽거리가 지녔던 '역참'으로서의 기능이 현대적으로 재해석되고 있음을 느낀다. 과거에는 말과 사람이 쉬어가던 곳이었다면, 이제는 수도권 각지에서 모여든 사람들이 서초를 통해 이동하고, 서초에서 새로운 기회를 찾으며 '재정비'하는 공간으로 변모했다. 이러한 변화 속에서 말죽거리의 역사성을 보존하면서도 현대적인 활력을 불어넣기 위한 노력을 기울이고 있다. 과거의 의미를 되새길 수 있는 역사 안내판을 설치하고, 주변 상권과 연계하여 '말죽거리 이야기길' 등 다양한 문화 콘텐츠를 개발하려고 한다. 또한 양재역 일대의 복잡한 교통 환경을 개선하여 보행자들의 안전과 편의를 높이는 데도 주력하고 있다. 현재 이곳은 서초의 과거와 현재가 가장 선명하게 교차하는 지점이다. 서초가 어떻게 역사를 품고 미래로 나아가는지 보여주고 있다.

맑은 숨을 위한 약속,
서초 금연 정책

　백세시대의 화두는 건강이다. 건강한 삶을 유지하려면 개인의 노력도 중요하지만 이보다 앞서 건강한 도시 환경 조성이 필요하다. 나는 서초구가 모든 구민이 건강하고 행복한 삶을 누릴 수 있는 '건강 도시'가 되기를 항상 꿈꿔 왔다. 그 꿈을 이루기 위한 중요한 발걸음 중 하나가 바로 '금연 정책'이다.

　담배 연기는 단순히 흡연자만의 문제가 아니다. 수천 가지의 유해 물질을 내포하고 있는 담배 연기에 무방비로 노출되는 간접흡연은 아이들, 어르신 등 비흡연자 모두의 건강을 위협하는 보이지 않는 적이다. 간접흡연으로부터 구민의 건강을 지키고, 모두가 맑은 숨을 쉴 수 있는 서초를 만들기 위해 팔을 걷어붙이고 나섰다.

　"구청장님, 아이들이 뛰어노는 공원 모래밭 바로 옆에서 담배를 피우는 어른들을 보면 정말 속상해요. 아이들이 아무것도 모르고 그 연기를 마실까 봐 가슴이 철렁 내려앉습니다."

어느 날 눈물을 글썽이며 호소하던 한 학부모의 목소리가 아직도 귓가에 생생하다. 아이들의 해맑은 웃음소리가 가득해야 할 공간이 희뿌연 담배 연기로 뒤덮이는 현실은 결코 좌시할 수 없었다.

나는 관련 부서 직원들과 머리를 맞대고 고민했다. 전국 최초로 '어린이공원 반경 10m 이내 금연 구역 지정'을 추진했다. 질병관리청 연구 결과(간접흡연 예방을 위해 흡연자와 최소 10m 거리 유지 필요)와 2,349명의 주민 설문조사(89.1% 찬성)는 이 정책의 필요성을 명확히 보여주었다. 2024년 6월 19일부터 계도 기간을 거쳐 본격적인 단속에 들어갔다. 금연 구역은 우리 아이들을 담배 연기로부터 보호하는 든든한 방패막이가 되어줄 것이다. 서초구에선 아이들이 뿌연 연기 속이 아닌 시원한 맑은 공기를 마시며 마음껏 뛰놀 수 있게 됐다.

서초구는 주민의 건강을 최우선 가치로 삼아 금연 구역을 꾸준히 확대해 왔다. 2012년 전국 최초로 강남대로를 '보행 중 금연거리'로 지정했다. 그 후, 공원·보육시설 주변·터미널과 정류장·학교 주변·지하철 출입구 등 주민 왕래가 잦은 모든 공공장소를 금연 구역으로 지정했다. 심지어 대형 건축물의 공개공지까지 금연 구역으로 지정하며, 담배 연기 없는 쾌적한 환경을 조성하기 위해 노력해 왔다. 서초구 관내 거리를 걷다 보면 '금연 구역' 표지판이 눈에 띄게 늘어났다. 예전 같으면 담배 연기로 가득했을 곳들이 이제는 맑은 공기로 채워지는 변화를 체감할 수 있다.

흡연자와 비흡연자 공존 모색

"구청장님, 무조건 못 피우게만 하면 흡연자들은 어디로 가야 하나요? 숨어서 피우다가 오히려 불법 흡연이 더 늘어나는 거 아닌가요?"

금연 정책을 추진하며 일부 흡연자들로부터 이러한 볼멘소리를 듣기도 했다. 맞는 말이다. 무조건적 규제보다는 흡연자와 비흡연자 모두가 만족할 수 있는 합리적인 방안을 찾는 것이 중요하다고 생각했다. 그래서 서초구는 전국 최초로 '개방형 제연 흡연시설'을 강남역 이면도로 일대에 설치했다. 깔끔하고 세련된 디자인의 이 시설은 사방이 열려 있어 기존 흡연부스보다 답답함이 덜하다. 게다가 첨단 제연 시설을 통해 담배 연기를 효과적으로 제거해 비흡연자의 간접흡연 피해를 최소화했다. 흡연자에게는 잠시 숨 돌릴 수 있는 공간을 제공하고, 비흡연자에게는 맑은 공기를 선사하는 '공존'의 가치를 실현하려는 서초의 노력이 빛을 발한 사례다. 서초가 지향하는 지속 가능한 공동체 모델이다.

서초구는 또한 전국 지자체 최초로 '금연·흡연구역 QR 안내 서비스'를 도입했다. 금연 구역 주변에 설치된 QR코드를 스마트폰으로 스캔하면, 반경 200m 이내의 금연 구역과 흡연구역 정보를 한눈에 확인할 수 있다. 마치 스마트폰 속 내비게이션처럼, 이 똑똑한 서비스는 흡연자들에게 올바른 흡연 장소를 안내하여 불법 흡연을 줄이는 데 크게 기여하고 있다. 서울고속버스터미널 주변에 QR 안내판을 부착한 결과, 단속 건수가 약 25% 감소하는 놀라운 성과를 거두었다. 이는 기술이 시민의 삶을 어떻게 건강하고 편리하게 만들 수 있는지를 보여주는 대표 사례이다. 그리고 우리 서초구의 스마트 행정 역량을 입증하는 결과라고 할 수 있다.

금연 성공의 동반자가 되다

"담배 끊고 싶은데 혼자서는 너무 힘들어요. 매번 작심삼일이 되고, 자꾸만 손이 가고…. 그러다가 결국 포기하게 되더라고요."

금연은 개인의 의지만으로는 쉽지 않은, 고통스러운 도전이다. 나는 금연을 결심한 구민들의 이러한 어려움을 누구보다 잘 알고 있다. 서초구에서는 단순한 단속을 넘어 금연 성공의 든든한 동반자가 되기 위해 다양한 지원 프로그램을 운영하고 있다.

서초구 금연지원센터와 방배보건지소 금연클리닉에서는 전문 상담사들이 1:1 맞춤형 상담과 교육을 실시하고 있다. 니코틴 패치, 금연껌 등 금연 보조제도 무료로 지원한다. 바쁜 직장인들을 위해선 '이동 금연클리닉'이 사업장으로 직접 찾아간다. 미래의 주역인 청소년 흡연 문제를 해결하기 위해 '토요 청소년 금연 교실'도 운영한다. 심지어 지하철역에도 '이동 금연 상담 부스'를 운영하여 구민들이 언제 어디서든 금연 지원을 받을 수 있도록 했다.

"처음에는 반신반의했는데, 상담사님이 제 상황에 맞춰서 정말 진심으로 도와주시는 걸 보고 용기를 냈어요. 이제 담배 생각도 안 납니다"라고 말하는 금연 성공자의 사례는 서초구의 금연 지원 프로그램이 진정성을 담보하고 있다는 것을 보여준다.

서초구는 금연 단속에 적발된 흡연자에게도 '다시 한번 기회'를 제공한다. 과태료 통지서에 있는 QR코드를 통해 금연 교육에 접속하여 3시간 교육을 수강하면 과태료의 50%를 감면해 준다. 금연클리닉에 등록해 금연에 성공하면 과태료 전액을 감면하는 파격적인 혜택도 제공한다. 단순히 과태료 처분에 그치는 것이 아니라 구민들이 금연에 성공하여 건강한 삶을 되찾을 수 있도록 적극적으로 돕겠다는 서초구의 의지를 보여주는 것이다.

이러한 노력 덕분에 서초구 흡연율은 11.4%로 서울시 평균(16.6%)보다 5.2%포인트 낮은 수준을 유지하고 있다. 이는 서초구가 '건강 도시 서초'를 향해 제대로 나아가고 있음을 증명하는 값진 결과이자, 구민 여러분과 함께 이루어낸 자랑스러운 성과이다.

담배 연기 없는 맑은 서초를 위한 노력은 멈추지 않을 것이다. 금연 구역을 더욱 촘촘하게 확대하고, 혁신적인 금연 지원 프로그램을 개발하며, 구민들의 건강 증진을 위한 다양한 정책을 추진해 갈 것이다. 서초의 모든 구민이 담배 연기 걱정 없이 맑은 공기를 마시며 건강하고 행복한 삶을 누리는 그날까지, 최선을 다할 것이다. '맑은 숨, 건강한 서초'는 우리가 함께 만들어가야 할 소중한 미래이기 때문이다.

03

구정의 중심은 기승전 주민

해답은 늘
생각보다 가까이 있다

서울시에서 근무할 때다. 1995년 여름, 홍보담당관실에 새로운 미션이 떨어졌다. '서울의 새 얼굴'을 찾으라는 특명이다. 49년간 써왔던 서울시 CI_{City Identity}를 바꾸는 중요한 프로젝트였다. 기존의 서울시 휘장이 도쿄도와 닮았다는 일제 잔재 논란 등으로 부정적인 이미지 청산 또한 필요했다.

1995년은 첫 민선 지자체장이 선출된 해로, 21세기를 목전에 두고 전국 지자체가 변화의 급물살을 타던 시기였다. 과거의 중앙집권적 구조에서 벗어나, 주민의 손에 의해 탄생한 지방정부 스스로 경쟁력을 갖춰야 하는 '민선 지방자치 시대'가 열린 것이다. 이러한 시대적 흐름 속에서 대한민국 수도인 '서울특별시'는 어떤 얼굴로 재탄생해야 할까? 막중한 프로젝트가 주는 부담감에 늦은 밤까지 시청 창가에 서서 고민하던 필자의 눈에, 시청광장을 오가는 사람들이 들어왔다. 해답은 늘 생각보다 가까이 있다. 바로 서울시의 주인, 서울 시민의 목소리다. 서울시 CI 개발사업은 '서울 21세기 얼굴을 찾습니다'라는 주제로 시민 의견을 수렴하며 시작됐다. 표본 추출된 시민 1,022명을 개별 면접을 해보니 시민들이 가진 서울의 이미지는 매우 부정적이었다.

서울의 새 얼굴을 찾아라

90년대 서울은 '한강의 기적'이라는 초고속 성장을 거치며 물질적으로 풍요로운 도시가 됐지만, 1,000만 인구 대도시인 만큼 많은 숙제를 끌어안고 있었다. '서울의 이미지'를 묻는 질문에 인구 과밀·교통 지옥·범죄 도시 등 부정적 키워드를 먼저 떠올리는 시민이 무려 92.3%에 달한 이유다. 반면 '옛것과 새것이 조화된 문화도시' 등 긍정적인 답변을 한 시민은 7.5%에 불과했다. 시 공무원(600명), 주한 외국인(111명) 등을 조사한 결과도 마찬가지였다.

시민 의식조사 결과와 외국 도시의 CI 성공 사례를 톺아보며 서울의 새 얼굴을 그리기 시작했다. 도시 이미지를 개선한 대표 사례로 뉴욕 시를 들 수 있다. 1970년대 뉴욕관광청은 도시 이미지를 쇄신하기 위해 '빅애플Big Apple'을 심볼로 정하고, 'I♥NY' 슬로건 캠페인을 전개, 그 결과 기존의 할렘가 이미지를 불식시키고 글로벌 관광도시로 거듭난 바 있다. 뉴욕 시가 가진 풍부한 관광자원에 새로운 얼굴을 입혀 도시 이미지를 개선한 모범 사례라 할 만하다.

그렇다면 서울이 가진 가장 큰 자산은 무엇일까? 명산과 한강을 품은 수도 600년 역사의 전통은 서울의 자부심 그 자체다. 하지만 무엇보다도 이러한 역사를 만들어 온 높은 교육열과 우수한 인력자원, 즉 인적자산이야말로 서울이 안고 있는 무수한 문제를 해결하고 치유할 원동력이라는 데 의견이 모아졌다.

 역사와 활력이 넘치는 '인간도시 서울'이라는 핵심 가치는 대시민 공모를 통한 휘장, 슬로건 찾기로 물 흐르듯 이어졌다. 그 결과 휘장 1,819건, 슬로건 5,535건이 접수되어 당시 국내 응모전 사상 최다 응모 기록을 세우며 최종 심사까지 꼬박 한 달이 넘게 걸렸다.

 여기서 끝이 아니다. 이렇게 채택된 휘장 5점, 슬로건 5점 후보를 두고 또다시 시민 의견을 묻는 과정을 거쳤다. 서울 시내 백화점, 지하철역 등 시민이 모이는 곳에 320명의 거리홍보단이 나가는 동시에, PC통신과 온라인 의견 수렴 또한 병행했다. 서울 시민과 공무원, 전문가 집단이 수차례 지혜를 모아 서울의 눈, 코, 입을 그려가며 공을 들였다.

 이렇게 1년이 넘는 사고 끝에 마침내 탄생한 지금의 서울시 휘장은 한글 '서울'에서 자음인 'ㅅ, ㅇ, ㄹ'을 따낸 것으로, 각각 서울의 산·태양·한강을 상징한다. 녹색 산은 환경 사랑, 청색 한강은 역사와 활력, 가운데 붉은 해는 미래 비전과 희망을 담고 있다. 전체적으로 신명나게 춤추는 사람의 모습을 형상화해 '인간중심 도시'를 지향하는 서울의 새 얼굴이 탄생했다. 아울러 주인의식과 공동체 의식을 함께 강조한 '나의 서울, 우리의 서울'을 새 슬로건으로 발표해 서울 시민의 힘으로 찾아낸 새 얼굴에 가치를 더했다.

 1996년 가을 어느 날 아침 출근길. 서울시청에 게양된 새로운 서울시 휘장 깃발을 바라보던 순간의 감동이 다시금 떠오른다. 서울의 새 얼굴을 찾는 과정은 처음부터 끝까지 '서울시민 참여'를 최우선으로 하여 모두의 공감대를 찾아 달려온 날들이었다. 그 과정 하나하나가 '인간중심 도시' 서울을 증명했다. 30년의 세월이 흐른 지금, 당시 서울의 새 얼굴은 서울시민에게 가장 친근한 얼굴이 되어 환하게 미소 짓고 있다.

1996년 발표된 서울시 CI

주민의 목소리가 곧 구청장 지시

취임과 동시에 구청장실의 문을 활짝 열었다. 주민 생활 현장 속으로 다가가 주민 목소리에 귀 기울이고, 주민 입장에서 생각하는 공감 행정 추진을 위해 다양한 주민 소통 채널도 만들었다. 매월 첫째와 셋째 수요일에는 현장을 '찾아가는 전성 수다'를, 매월 둘째와 넷째 수요일에는 '구청장 쫌 만납시다'로 정기적으로 주민들을 만나고 주민들의 이야기를 경청하고 있다.

현장이야말로 살아 있는 서초의 심장 박동을 느끼게 해준다. 구청장으로서 나아가야 할 길을 명확히 제시해 주는 나침반 같은 역할을 한다. 주민들의 생생한 삶의 이야기를 현장에서 직접 듣고, 그 속에서 행정의 정답을 찾아가는 것은 나의 변하지 않는 행정 철학이다. 그런 의미에서 서초의 현장은 단순한 '민원 처리의 장'이 아니라, 주민들의 삶이 살아 숨 쉬는 '사무실' 자체라고 할 수 있다. 그 사무실에서 가장 크게 울림을 주는 것은 '주민들 삶의 현장 목소리'다. 행정은 지시가 아니라, 경청에서 시작한다는 것을 서초의 현장이 내게 가르쳐주고 있다. 현장은 곧 나의 스승이다.

현장은 살아 숨쉬는 구청장 사무실

현장에서 만나는 서초의 모습은 늘 나에게 새로운 과제를 안겨주었다. 동시에 서초다움의 진정한 의미를 깨닫게 해주었다. 그리고 그 변화의 중심에는 언제나 주민들의 간절한 목소리가 있었다.

가장 먼저 나를 움직인 것은 아이들의 안전한 통학 환경에 대한 학부모들의 깊은 우려였다. 서초는 명문 학군으로 유명하지만 그만큼 학원가 주변의 교통 문제가 심각했다. 특히 반포동 학원가 인근의 셔틀버스 정류장은 늘 학부모들의 걱정거리였다. 어느 날 아침, 등굣길 현장을 찾았을 때였다. 한 어머니가 내게 다가와 다급한 목소리로 얘기했다.

"구청장님, 아이들이 좁은 골목에서 셔틀버스를 기다리는데, 불법 주·정차 차량 때문에 너무 위험해요. 사고라도 날까 봐 늘 조마조마합니다. 제발 좀 어떻게 해주세요."

어머니의 절박한 호소에 가슴이 먹먹했다. 즉시 현장으로 달려가 아이들로 붐비는 좁은 도로와 무질서하게 정차된 차량을 직접 확인했다. 단속을 강화한다고 해결될 일이 아니었다. 아이들이 안전하게 셔틀버스를 기다릴 수 있는 '안심 승·하차 구역'을 마련하고, 학원가 주변 교통 체계를 정비하는 방안을 추진했다. 주민들의 절박한 목소리를 듣지 않았다면 현실 상황을 정확히 파악하고 신속하게 해결책을 마련하기는 어려웠다고 생각한다.

양재천 카페거리에서 가게를 운영하는 분들을 만났다. 양재천은 서초의 자랑이자 대표적 상권임에도 일부 구간에서는 상권 침체와 환경 문제로 주민들 민원이 많이 제기됐다. 카페거리 인근의 오래된 상점가에선 "예전 같지 않다"라는 상인들의 하소연과 한숨이 끊이지 않았다. 한 카페에 들어가 커피를 마시며 사장님의 얘기를 들어봤다.

"구청장님, 코로나19 이후로 손님이 너무 줄었어요. 임대료 내기도 벅찹니다. 뭔가 새로운 활력이 필요해요. 젊은 사람들이 다시 찾아오게 할 방법이 없을까요?"

상인들의 절박한 목소리는 내 마음을 아프게 했다. 상인들과 만나 그들의 어려운 사정을 듣고, 상권 활성화를 위한 아이디어를 함께 고민했다. 단발적인 생활지원금 지원이 아닌 주민들이 자발적으로 지역 상권을 이용하도록 하여 상권 전체가 활성화되는 방안을 찾았다. 그 중에 하나가 '서초코인'이다. 서초구에서 봉사활동이나 구정에 참여한 주민들에게 코인을 지급하면, 주민들은 코인으로 동네 가게에서 물건을 구매해 자연스럽게 지역 경제에 활력에 불어넣는 선순환 구조 모델이다. 주민들의 적극적인 참여와 관심이 상권도 살리고 양재천의 아름다움도 지켜가는 가장 큰 힘인 것이다.

독거 어르신들의 고독감 해소 문제도 중요한 과제였다. 서초는

위기 상황에서는 현장의 목소리가 책상 위 보고서보다 훨씬 생생하고 중요하다는 것을 알았다. 현장에서 직접 눈으로 보고, 귀로 들으면서 주민들과 함께 호흡할 때 문제의 해결책을 찾을 수 있다는 것을 깨달았다.

고령화 사회로 홀로 계신 어르신들이 늘어나고 있다. 동 주민센터를 방문했을 때였다. 한 어르신이 다가와 조심스럽게 말씀했다. "구청장님, 혼자 있으면 적적하고, 아파도 알릴 곳이 마땅치 않아요. 자식들에게 부담 주기 싫어서 말도 못 합니다." 쓸쓸함이 묻어나는 어르신의 그 말씀에 내 마음도 아려왔다.

현장에서 어르신들을 만나 뵙고 이야기를 들었다. 물질적인 지원보다 먼저 정서적인 교류와 안전망 구축이 시급하다는 것을 알게 됐다. 이에 'AI 돌봄 서비스'를 도입해, 어르신들의 안부를 주기적으로 확인하고 위급 상황 시에는 신속하게 대처할 수 있는 시스템을 구축했다. 여기에 '찾아가는 복지 서비스'를 확대하여 어르신들이 직접 동 주민센터를 방문하지 않아도 필요한 도움을 받을 수 있도록 조치했다. 이 모든 것 또한 현장에서 어르신들의 작은 목소리에도 귀를 기울였기 때문에 가능했다.

서초의 재건축 현장에선 소음과 비산먼지에 대한 주민들의 민원이 끊이지 않았다. "밤낮으로 공사 소리 때문에 잠을 잘 수가 없어요. 창문도 못 열겠습니다. 구청장님, 제발 좀 해결해 주세요." 애타는 주민들의 목소리에 곧바로 현장을 방문했다.

주민들과 건설사 관계자들을 만나 중재하고, 구청에는 '주민 소통 창구'를 마련하여 민원을 신속하게 처리하고 소음 저감 대책을 강화하도록 했다. 주민들의 작은 불편 하나하나 모두가 구청장인 내게는 중요한 행정 과제였다.

서초의 미래를 밝히는 등대

　서초는 내가 모든 것을 바쳐서 지켜나갈 소중한 곳이자 '화답 행정' 철학의 근간이 된 '영원한 사무실'이다. 그리고 '영원한 사무실'의 핵심 동력은 '주민의 목소리'이다. 나는 이미 여러 차례에 걸쳐 서초 구민에게 약속드렸다. 첫째, 언제나 현장에서 답을 찾고, 주민의 목소리를 가장 중요한 나침반 삼아 서초의 미래를 설계하겠다. 둘째, 디지털 혁신을 통해 더욱 편리하고 안전한 스마트 도시를 구현하고, 문화와 예술이 숨 쉬는 품격 있는 서초를 가꾸어 나가겠다. 셋째, 사회적 약자를 배려해 소외되는 이웃 없이 모두가 함께 어울려 살아가는 따뜻한 공동체를 만들어 나가겠다. 서초의 도약과 변화는 구청장의 의지와 주민의 목소리가 함께 할 때 가능하다. 서초의 더 나은 내일을 위한 가장 강력한 원동력은 주민의 목소리인 것이다.

구민의 일상이 되는
모두의 보훈

나라를 위해 고귀한 희생과 헌신한 분들을 기리고 예우를 다하는 것은 국가와 도시의 기본 책무이다. 서초구는 대한민국을 대표하는 품격 있는 도시다. 당연히 과거의 역사를 잊지 않고 미래 세대에게 올바른 역사의식을 심어주는 데 앞장서야 할 책임이 있다. 참된 보훈은 기념일을 맞아 형식적으로, 의식적으로 기념하고 기리는 게 아니다. 주민의 일상에서 자연스럽게 스며드는 일상적인 보훈이 되어야 한다. 희생과 헌신에 대해 합당한 보상과 예우하고 기리는 게 특별한 행사가 아니라 일상이 되어야 하는 것이다.

잊지 못할 희생, 영원히 기억해야 할 이름들

"구청장님, 저는 6·25 전쟁 참전 용사입니다. 젊은 시절 나라를 지키기 위해 총을 들었지만, 시간이 흐르면서 많은 것이 잊히는 것 같아 때로는 서운한 마음이 들기도 했습니다. 그런데 서초구에서 이렇게 저희를 기억하고 예우해 주시니, 정말 감사하고 힘이 납니다."

보훈회관에서 만난 한 참전유공자 어르신의 말씀은 마음을 뜨겁게 했다. 어르신의 주름진 얼굴에서 조국을 지키기 위한 젊은 날의 용기와 희생을 보았다. 우리는 이분들의 숭고한 희생 덕분에 오늘 자유와 번영을 누리고 있다. 하지만 우리들 대부분은 바쁜 일상에서 그분들의 헌신과 희생을 잊고 지낸다. 이런 현실을 직시하고, 자신부터 먼저 나라를 위해 희생하신 분들의 숭고한 정신을 영원히 기억하고 계승해야 한다는 사명감을 가져야 한다고 생각한다.

따뜻한 예우와 실질적인 지원

보훈은 단순히 과거를 기억하는 게 아니다. 현재를 살아가는 국가유공자와 그 가족에게 따뜻한 예우와 실질적인 지원을 제공하는 것이다. 서초구는 '서울특별시 서초구 국가보훈대상자 예우 및 지원에 관한 조례'를 통해 국가유공자 및 보훈단체에 대한 다양한 지원을 법제화하고 있다. 서초구 보훈회관은 국가유공자분들의 사랑방이자 건강 증진 공간이다. 이곳에서는 물리치료, 효도 안마 서비스, 노래 교실 등 다양한 건강 및 여가 프로그램을 제공해 보훈 가족의 건강하고 활기찬 삶을 지원하고 있다. "보훈회관에 오면 친구들도 만나고, 건강 관리도 받을 수 있어서 하루하루가 즐겁습니다. 이곳이 저에게는 또 하나의 집 같아요."라는 한 어르신의 이야기는 보훈회관이 단순한 시설공간이 아니라 보훈 가족에게 따뜻한 공동체의 역할을 하고 있음을 보여준다.

또한 서초구는 국가보훈대상자에게 보훈예우수당과 사망위로금을 지급하고, 참전유공자에겐 위문금 지급 등 경제적인 지원을 통해 안정적인 생활을 돕고 있다. 구가 설치·관리하는 시설의 사용료와 이용료 감면, 보건소 의료시설 진료비 감면 등 다양한 혜택을 제공하여 보훈 가족들이 자부심을 가지고 살아갈 수 있도록 지원하고 있다. 특히, 2025년 2월 기초지방자치단체 최초로 국가보훈부와 업무협약을 체결하고 국가유공자 예우 강화와 보훈 문화 교육 활성화에 앞장서고 있다. 서초구의 보훈 정책이 한 단계 더 도약하는 계기를 마련했다.

일상 속 보훈은 서초의 품격

보훈은 특정 계층만의 이야기가 아니다. 과거에 대한 기억을 넘어 미래 세대를 위한 가치이다. 구민 모두가 함께 공유하고 확산시켜야 할 문화다. 서초구는 매년 6월 호국보훈의 달이 되면 '서초 보훈문화 페스티벌'을 개최하여 호국영령을 기리고 보훈 문화 확산에 힘쓰고 있다. '당신의 희생과 헌신, 행복 서초로 보답하겠습니다'라는 주제로 열리는 이 페스티벌은 기념식과 함께 호국보훈의 달 축하 음악회, 안보 전시 등 다채로운 프로그램으로 구성된다. "아이들과 함께 페스티벌에 참여해서 나라를 지킨 영웅들의 이야기를 들으니, 아이들이 자연스럽게 나라 사랑하는 마음을 키우는 것 같아 뿌듯했습니다"라는 한 학부모의 소감은 보훈 문화 페스티벌이 미래 세대에게 보훈의 의미를 쉽고 재미있게 전달하는 교육의 장이 되고 있음을 증명하고 있다. '모두의 보훈 아너스클럽 서초'를 전국 지자체 최초로 출범하여 지역사회 보훈 문화 확산에 앞장서는 것도 이러한 노력의 일환이다.

서초는 앞으로도 구민이 보훈의 의미를 자연스럽게 공유하고, 나라를 위해 헌신한 분들에게 진심으로 감사하고 존경하는 마음을 가질 수 있도록 다양한 정책과 행사를 지속적으로 추진하겠다. 특별한 날에만 떠올리는 보훈이 아닌 구민의 일상생활 속에 자연스럽게 녹아드는 보훈 문화가 되도록 노력할 것이다.

나라를 위해 고귀한 헌신을 하신 호국영령과 국가유공자의 숭고한 희생을 잊지 않고, 그분들의 영예로운 삶을 기억하며 예우를 다하는 것은 국가와 도시의 품격이다. 서초는 '일상이 되는 보훈'을 통해 구민의 행복을 위한 든든한 버팀목이 되고 품격 있는 도시로 더욱 발전해 나갈 것이다.

사계절 아이들이 뛰노는
행복 서초

'아이들이 놀이터에서 마음 놓고 뛰어놀게 할 수 없을까'라는 질문은 서초구청장으로서 늘 마음속에 품고 있는 화두다. 구청장으로서 나의 목표는 이 질문에 "네, 서초에서는 할 수 있습니다"라고 당당하게 답할 수 있는 도시를 만드는 것이다. 미래의 주역이 될 우리 아이들이 마음껏 웃고 뛰어놀 수 있는 안전하고 즐거운 놀이터가 가득한 서초를 꿈꾼다. 어린 시절, 골목길에서 친구들과 함께 해지는 줄 모르고 뛰어놀던 기억을 간직하고 있다. 그 시절의 골목길은 보행 통로가 아니었다. 흙먼지를 뒤집어쓰고 넘어져도 다시 일어나 깔깔거리던 놀이터이자 꿈을 키우고 사회성을 배우며 건강하게 성장하는 삶의 터전이었다.

그때와 비교할 수 없을 정도로 살기 좋아진 요즘은 어떤 모습인가? 과도한 학습 부담과 디지털 기기에 둘러싸여 아이들은 예전처럼 마음껏 뛰어놀 시간이 없는 게 현실이다. 게다가 미세먼지나 안전사고에 대한 부모들의 걱정 또한 아이들을 놀이터 대신 학원이나 집으로 이끌고 있다. 구청장으로서 이러한 현실을 직시하고, 아이들이 행복하게 뛰어놀 수 있는 '서초형 놀이터'를 만들기로 했다. 기존 놀이터의 시설 개선 수준이 아니다. 안전을 최우선으로 하여 아이들 눈높이에 맞춰 상상력을 자극하고, 계절마다 색다른 즐거움을 선사하는 놀이 공간이다.

사계절 테마파크 '봄봄놀이터' 탄생

"구청장님, 양재천 수영장이 겨울에는 눈썰매장으로 변하더니, 봄에는 놀이터가 된다는 소식을 듣고 깜짝 놀랐어요. 우리 아이들이 너무 좋아해요. 이제 계절마다 어디로 갈지 고민할 필요가 없어졌어요."

서초구는 2024년 양재천 수영장을 '봄봄놀이터'로 탈바꿈하는 대변신을 시도했다. 이 소식을 들은 한 어머니가 내게 건넨 말이다. 어머니가 건넨 그 한마디가 나를 흐뭇하게 했다. 겨울 동안 신나는 눈놀이터로 아이들에게 즐거운 추억을 만들어 주었던 양재천 수영장 부지가 꽃 피는 봄을 맞아 놀이동산으로 탈바꿈했다. 봄봄놀이터를 찾아 즐겁게 뛰놀던 아이들을 만났다. 여기저기서 뛰어노는 아이들의 해맑은 웃음소리가 들려왔다. 아이들의 즐거움이 곧 서초의 행복이자 희망이라는 것을 느꼈다.

총 6,400㎡ 규모의 '봄봄놀이터'는 16인승 미니 바이킹, 꼬마 기차, 대형 에어바운스, 트램펄린, 편백 놀이터, 에어 시소·에어 바이킹 등 총 12가지 놀이 기구를 갖추고 있다. 특히, 기존 어린이풀에는 꼬마 보트와 워터볼을, 유수풀에는 구불구불한 코스를 활용한 이지롤러 체험 공간을 마련해 물 위에서도 신나는 놀이를 즐길 수 있도록 했다. 햇빛을 받으며 쉴 수 있는 라탄 소파와 13명의 안전요원 배치 등 안전과 편의에도 만반의 준비를 갖췄다. 이제 양재천은 계절마다 색다른 즐거움으로 가득한 '사계절 테마파크'가 되어 우리 아이들에게 잊지 못할 추억을 선물하고 있다.

미세먼지 걱정 없는 실내 놀이 공간, '서리풀노리학교'

야외 놀이터와 함께 미세먼지와 기상 악화에 대한 걱정 없이 마음껏 뛰어놀 수 있는 실내 공간에 대한 부모님들의 갈증이 크다는 것을 알았다. 나는 이러한 요구를 반영하여 전임 구청장이 시작한 '서울형 키즈카페'인 '서리풀노리학교'를 4곳 더 확대 조성했다.

서초구는 문화예술공원점, 방배2동점, 양재1동점, 서초1동점 등 4곳에 '서리풀노리학교'를 개관하여 아이들에게 안전하고 쾌적한 실내 놀이 공간을 제공하고 있다. 이곳은 클라이밍, 미끄럼틀, 볼풀장, 주방놀이 등 다양한 놀이시설과 함께 '빨리빨리 번개반', '으쌰으쌰 정글짐' 등 재미있는 이름으로 아이들의 신체 활동과 소근육 발달을 돕는 공간으로 꾸며져 있다. 자연물을 활용한 미술 작품 만들기 체험 등 공원형 키즈카페의 특색을 살린 프로그램도 아이들의 창의력을 자극하고 있다. 한 어머니의 이야기는 '서리풀노리학교'가 얼마나 큰 호응을 얻고 있는지를 여실히 보여주고 있다.

"미세먼지 심한 날에도 3,000원이라는 저렴한 가격으로 아이들이 마음껏 뛰어놀 수 있어서 정말 좋습니다. 이제는 날씨 걱정 없이 아이들과 함께 놀러 갈 수 있게 되었어요."

안전 관리 최우선, '어린이 활동공간 전수조사단'

아이들이 마음 놓고 뛰어놀기 위해서는 무엇보다 '안전 관리'가 최우선이다. 구청장의 중요한 책무 중 하나는 우리 아이들의 안전을 지키는 것이다. 과거 일부 놀이터에서 발생했던 안전 문제에 대한 교훈을 잊지 않고, 서초구는 더욱 촘촘한 안전 관리 시스템을 구축하고 있다.

서초구는 주민, 전문 기관과 협력하여 '어린이 활동공간 전수조사단'을 출범해 지역 내 어린이 활동공간에 대한 유해 물질 전수조사를 하고 있다. 나는 직접 반원어린이공원의 중금속 수치를 점검하며 아이들의 안전에 대한 확고한 의지를 보여주었다. 낡고 단조로웠던 공원과 놀이터를 다양한 놀이 시설물과 운동 시설을 도입하여 새롭게 단장하고, 바닥면을 모래 대신 탄성포장재로 교체하여 아이들이 넘어져도 다치지 않도록 했다. 아이들의 안전을 최우선으로 고려한 조치이다.

"구청장님이 직접 놀이터 안전을 확인해 주시니 안심이 돼요. 이제 아이들이 아무 걱정 없이 신나게 뛰어놀 수 있겠어요."

한 학부모의 말에서 서초구의 노력이 구민들에게 신뢰를 주고 있음을 알았다.

아이들의 활기찬 에너지가 서초의 미래 원동력

서초구는 '유니세프 아동친화도시' 인증을 획득하며 아동의 권리가 존중되고 실현되는 도시를 만들기 위해 노력해 왔다. 아동영향평가 시스템을 구축하여 모든 정책이 아동에게 미치는 영향을 상세히 살피고 있다. 또한 아동 참여 기구를 통해 아이들의 목소리를 직접 듣고 구정에 반영하고 있다. 앞으로도 우리 아이들이 마음껏 상상의 나래를 펼치고 건강하게 성장할 수 있도록 모든 지원을 아끼지 않을 것이다. 아이들의 웃음소리가 서초의 가장 아름다운 음악이 되고, 아이들의 활기찬 에너지가 서초의 미래를 이끌어가는 원동력이 될 것이라고 굳게 믿는다. 우리 아이들이 마음 놓고 뛰어놀 수 있는 행복한 서초를 만들기 위한 서초의 노력은 계속될 것이다.

04

청년이 주인인
'청년 1번지' 서초

서초 미래를 여는
청년 일자리

    서초의 미래이자 성장동력은 청년이다. 나는 무한한 열정과 잠재력을 가진 청년들의 미래를 생각하며 구정을 운영해 왔다. 서초의 내일을 이끌어갈 든든한 주역이기 때문이다. 하지만 오늘날 우리 청년들은 그 어느 때보다 치열한 경쟁과 불확실한 미래 앞에서 고군분투하고 있다. '취업'이라는 거대한 벽 앞에서 좌절하고, '내 집 마련'이라는 꿈은 요원하게만 느껴지는 현실에서, 청년들의 어깨는 무겁기만 하다.

    나는 청년들의 고민과 어려움을 누구보다 깊이 공감한다. 청년들이 꿈을 포기하지 않고, 자신의 역량을 마음껏 펼칠 수 있도록 돕는 것은 우리 사회의 기본 책무이다. 청년 지원은 비용이 아니라 서초의 미래에 대한 필수적인 투자라고 생각한다. 서초구는 '청년이 머무는, 젊음이 어울리는 청년도시 서초'를 만들기 위해, 청년의 목소리에 귀 기울이며 청년의 요구에 화답하는 '청년 일자리 맞춤 정책'을 추진하고 있다.

꿈을 향한 첫걸음, 맞춤형 일자리 지원

"구청장님, 저는 문과생이라 4차 산업혁명 시대에 맞는 일자리를 찾기가 너무 막막했어요. 그런데 서초구 AI 칼리지 덕분에 새로운 길을 찾았습니다."

'서초 AI 칼리지' 수료생 청년이 새로운 길을 찾을 수 있었다며 내게 감사 인사를 건넸다. 불과 몇 년 전까지만 해도 정보 부족과 막연한 두려움으로 인해 자신에게 맞는 일자리를 찾기 어려웠던 청년들이 많았다. 서초구는 이러한 청년들의 고민을 해결하기 위해 '서초 청년센터'를 개관했다. 이곳을 청년 정책의 허브로 삼아 진로 설계부터 맞춤형 종합 상담, 청년 동아리 운영, 청년 정책 통합 안내 등 원스톱 지원을 제공하고 있다.

특히, 4차 산업혁명 시대에 발맞춰 '서초 AI 칼리지'를 운영하며 AI·빅데이터 등 미래 유망 분야의 전문 인재를 집중적으로 양성하고 있다. 카이스트KAIST와 협력하여 프로그래밍 언어인 파이썬Python 기초부터 AI, 빅데이터, 머신러닝, 딥러닝 등 분야별 심화 교육과 팀별 프로젝트를 6개월간 진행하고 있다. 수료생에게는 카이스트 총장 명의의 수료증과 1:1 커리어 코칭, 인턴십 연계 등의 혜택을 제공해 실제 취업으로 이어질 수 있도록 지원하고 있다.

또한 매년 개최되는 '서초구 청년 진로&직무 박람회'는 청년들에게 현장 채용 기회와 함께 다양한 일자리 정보를 제공하고, 현직자

취업 특강 및 멘토링을 통해 실질적인 도움을 주고 있다. "박람회에서 만난 멘토님 덕분에 제가 어떤 직무에 관심 있는지 명확히 알게 되었고, 자신감을 얻어 취업 준비에 더 집중할 수 있었어요"라는 청년의 이야기는 맞춤형 청년 지원 정책의 중요성을 다시 한번 일깨워주었다.

청년의 도전을 응원하다

"제 아이디어가 과연 현실이 될 수 있을까 막연했는데, 서초구의 지원 덕분에 용기를 얻었습니다."

청년들이 반짝이는 아이디어와 열정만으로 선뜻 창업 전선에 뛰어들기는 쉽지 않다. 현실의 벽이 높기 때문이다. 그래서 서초구는 청년들의 도전 정신을 응원하고, 창업의 꿈이 현실이 될 수 있도록 든든한 지원군으로 나서기로 했다. '사회적경제 문화예술 청년 창업지원 프로젝트'를 통해 청년들의 참신한 아이디어를 발굴하고, 사업화 지원에 적극 나섰다. 최대 2,500만 원의 사업비와 임차료 지원, 1:1 컨설팅 및 전문가 교육까지 제공하는 등 전폭적인 지원과 신뢰를 아끼지 않고 있다. 청년들의 창업 초기 비용 부담을 완화하고 안정적인 사업 정착을 돕기 위해서다.

또한 청년들이 더 넓은 세상으로 나아갈 수 있도록 글로벌 역량 강화에도 힘쓰고 있다. 코트라KOTRA, 한국산업인력공단과 협업하여

1:1 맞춤형 해외 취업 컨설팅과 현직자 특강을 제공하고 있다. 특히 프랑스 파리 15구와의 업무협약을 체결해 어학연수와 문화 체험 기회를 제공하는 '파리 15구 스터디' 프로그램도 운영하고 있다.

"파리에서 현지 문화를 경험하며 글로벌 시장에 대한 시야를 넓힐 수 있었어요. 제 꿈이 처음보다 더 커진 것 같아요."

한 청년의 파리 연수에 대한 생생한 후기는 서초구의 지원이 톡톡히 효과를 내고 있다는 증거이다.

삶의 안정과 활력, 주거 및 문화 지원

청년들이 온전히 자신의 꿈에 집중하기 위해서는 안정적인 생활 기반이 필수적이다. 그래서 서초구는 청년들의 삶의 질 향상을 위한 다각적인 지원책도 시행하고 있다. '청년 스마트 경제·금융 교육'을 통해선 재테크 교육과 1:1 맞춤형 상담으로 청년층의 자산 형성을 돕고 건전한 재정 자립을 지원한다.

신혼부부와 청년을 대상으로 한 '전월세 보증금 대출이자 지원사업'은 청년들 삶의 큰 걱정거리 중 하나인 주거 문제를 덜어주고 있다. 청년들의 안정적인 주거 환경은 직업 선택과 결혼 등 삶의 중요한 결정을 할 수 있는 토대가 된다.

2025년 6월 10일 서초청년센터에서 열린 서초청년네트워크 성과공유회 및 수료식에 참석해 청년들을 격려했다.

문화예술 활동 지원도 지속적으로 확대해 청년 예술인들에게 활력과 희망을 불어넣고 있다. 예술의전당과 협업하여 청년 작가들에게 특별 전시회 기회를 제공하는 '서리풀 청년 아트 갤러리', 관내 카페 및 시설물(정류장, 분전함, 골목길)에 청년 예술 작가 작품을 전시하는 '청년 갤러리' 사업을 확대 운영하고 있다. 청년 예술인들이 마음껏 재능을 펼치고 자유로운 문화예술 활동을 할 수 있도록 충분한 기회를 제공하는 것이다.

"제 그림이 동네 카페에 걸린 걸 보니 정말 꿈만 같아요. 더 열심히 작업해야겠다는 동기 부여가 됩니다."

청년 작가의 말에서 나는 예술이 일상이 되는 젊고 활기찬 문화

예술 도시, 서초를 만들어가겠다고 다짐했다. 청년 예술인들이 재능을 뽐내고 꿈을 펼치는 '청년 예술인의 성지', 내가 꿈꾸는 문화예술 도시 서초의 또 다른 얼굴이다.

청년이 만드는 서초의 미래

나는 청년들이 정책의 수혜자로 그칠 게 아니라, 함께 정책을 만들고 서초의 미래를 함께 그려나가는 당당한 주역이 되기를 바란다. 서초구는 처음으로 시대적 변화와 청년 수요를 반영한 청년 정책 5개년 종합계획을 수립하고 2024년부터 체계적인 실행에 나섰다. 특히 '청년 네트워크 활성화'를 통해서는 청년들이 정책 제안 및 사회 문제 해결에 직접 참여할 수 있도록 지원하고 있다. 청년들의 참신한 아이디어와 열정을 구정에 적극적으로 반영하기 위해서다. 서초구의 청년들이 마음껏 꿈을 펼치고, 만족도 높은 일자리에서 안정적으로 정착하며, 활기찬 삶을 누릴 수 있도록 장기적이고 종합적인 지원책을 펼치고 있다. 청년 정책은 청년을 위한 혜택을 넘어 서초의 미래를 함께 그려가는 중요한 밑그림이다.

응원의 진심을 담은
자격증·어학시험 응시료 지원

청년들은 그 어느 때보다 치열한 경쟁과 경제적 부담 속에서 살아가고 있다. 생활비 지출 부담이 심해진 취업 준비생인 청년들에게 각종 자격증과 어학시험 응시료는 만만치 않다. 나는 청년들이 오로지 자신의 꿈에만 집중할 수 있도록 그들의 어깨에 짊어진 작은 짐이라도 덜어주고 싶었다. 그래서 서초구는 '서초 청년 자격증·어학시험 응시료 지원사업'을 통해 청년들의 꿈을 응원하고 있다. 취업 준비에 현실적으로 도움이 되는 정책으로 청년들이 꿈꾸고 머무르고 싶은 서초를 만들어가고 있다.

포기할 수 없는 꿈, 그러나 무거운 현실

"구청장님, 취업 준비를 하려니 이것저것 돈 들어갈 곳이 너무 많아요. 학원비도 그렇고, 시험 응시료도 만만치 않아서 몇 번 떨어지면 재시험 볼 엄두도 안 납니다. 혹시 구청에서 이런 부분을 좀 도와주실 수 있을까요?"

　구쫌만(구청장 쫌 만납시다) 행사에서 만난 한 청년의 이야기다. 맑은 눈빛으로 자신의 꿈을 이야기하면서도, 현실의 벽 앞에서 좌절감을 느끼는 그의 모습에서 우리 시대 청년들의 고단함을 읽었다. 취업 시장은 갈수록 좁아지고, 기업들은 더 높은 스펙을 요구한다. 어학 점수와 각종 자격증에 기본적인 운전면허증까지 취업 준비에 들어가는 비용이 이만저만이 아니다.

　청년들은 끊임없이 자기 계발을 해야 하지만, 그 과정에서 발생하는 비용은 고스란히 개인의 몫으로 돌아온다. 서초는 다른 지역에 비해 주거비용이 높은 편이다. 생활비에다가 취업 준비 비용을 감당하는 것은 청년들에게 큰 부담일 수밖에 없다. 나는 이러한 청년들의 절박한 목소리를 외면할 수 없었다. 중앙정부나 다른 지자체에서도 유사한 지원사업이 있지만 한계도 드러나고, 지원에서 소외되는 사각지대도 발생했다. '서초만의 방식으로, 청년들에게 정말 필요한 도움을 줄 수 있는 방법은 무엇일까' 하고 고민하기 시작했다.

서초의 응원, '20만 원의 기적'을 만들다

　고민 끝에 서초구는 2025년 2월 3일부터 '서초 청년 자격증·어학시험 응시료 지원사업'을 신설해 추진하기 시작했다. 이 지원사업은 응시료 지원을 넘어, 청년들의 도전에 대한 서초의 진심 어린 응원과 격려를 담고 있다.

먼저 많은 청년에게 혜택이 돌아갈 수 있도록 지원 대상을 대폭 확대했다. 서초구에 거주하는 만 19세부터 39세까지의 미취업 청년이라면 누구나 지원 대상이다. 특히, 의무복무를 마친 제대 군인의 경우에는 복무 기간만큼 최대 3년(42세)까지 나이 상한을 높였다. 국방의 의무를 다한 청년들이 사회에 복귀해 취업 준비를 할 때 겪는 어려움을 해소하고 공정한 기회를 제공하려는 세심한 배려이기도 하다.

지원금은 1인당 최대 20만 원까지 실비 지원한다. 서울시 25개 자치구 중 최고 금액이다. 20만 원 한도 내에서 여러 번 나눠 신청할 수 있고, 시험의 합격 여부와 관계없이 지원하고 있다. 이는 '한 번에 붙어야 한다'는 심리적 압박감을 덜어주고, 청년들이 원하는 점수가 나올 때까지, 또는 여러 자격증 취득 등 자신의 역량을 마음껏 키울 수 있도록 실질적인 지원책이 되리라 생각한다.

지원 분야는 어학시험 38종(TOEIC, OPIc, HSK 등), 국가기술자격 540종, 국가전문자격 248종, 국가공인민간자격 97종, 한국사능력검정시험 등 총 900여 종에 달할 정도로 폭넓게 지원하고 있다. 특히, 서울시 최초로 필기·기능·도로주행 등 운전면허 응시료도 파격적으로 지원하고 있다. 취업 후에 필요한 실질적 사회 활동 역량을 갖추도록 운전면허 취득 비용까지 전방위적 지원에 힘썼다.

청년 지원은 미래 서초에 대한 투자

아무리 좋은 지원책도 신청 과정이 까다롭고 복잡하면 실효성이 떨어지게 마련이다. 청년들이 손쉽고 간편하게 신청할 수 있도록 절차를 최소화했다. 서초구청 홈페이지를 통해 온라인으로 신청서와 제출 서류를 업로드만 하면, 담당 부서에서 확인 후 매월 지원금을 지급한다. 간편한 절차를 통해 청년들이 시간과 노력을 낭비하지 않고 오직 취업 준비에만 집중할 수 있도록 배려했다. 실제로 이 사업은 청년세대 사업 담당자가 또래 직원과 지인들의 실제 경험을 반영해 기획한 결과이다. 청년들의 생생한 목소리가 서울 자치구 최초로 운전면허시험 응시료 지원과 군 복무 기간을 나이 상한에 반영하는 등의 파격적인 지원책으로 이어졌다. 운전면허시험 응시료까지 신청해 지원받았다는 한 청년이 내게 이렇게 말하며 감사를 표했다.

"응시료 지원 덕분에 부담 없이 여러 번 도전할 수 있었어요. 특히 운전면허까지 지원해 줘서 정말 큰 도움이 됐습니다. 이제 자신감 있게 취업 준비에 매진할 수 있을 것 같아요."

서초구의 자격증 어학시험 응시료 지원은 단편적인 비용 지원보다 청년들에게 '할 수 있다'는 용기를 주고, '혼자가 아니다'라는 믿음을 주는 데 더 큰 의미가 있다. 또한 청년들의 취업 역량 강화와 자기 계발 독려는 서초의 미래 경쟁력을 높이기 위한 중요한 투자라고 생각한다. 경기 악화와 고용 시장의 어려움 속에서 청년들이 움츠러들지 않고 자신의 꿈을 향해 거침없이 나아갈 수 있도록 지원하는 것은 구청장의 책무이다. 서초의 청년들이 잠재 능력을 키우고, 꿈을 향해 더 넓은 세상으로 나아갈 수 있기를 진심으로 바라는 바이다. 청년들이 꿈을 향해 도전할 수 있을 때, 우리 서초를 향해 나아갈 수 있다.

앞으로도 청년들의 목소리에 더욱 귀 기울이고, 그들의 어려움을 헤아려 실질적인 도움을 줄 수 있는 다양한 정책을 발굴하고 지원할 계획이다. '서초 AI 칼리지', '서초 청년 미디어크리에이터 양성과정' 등 4차 산업혁명 시대에 필요한 역량을 키우는 프로그램부터 1:1 취업 컨설팅, 직무 캠프, 해외 취업 지원 등 청년들의 취업 전반을 아우르는 촘촘한 지원망도 구축해 가고 있다. 청년들의 활기찬 도전과 성장이 서초의 미래를 비추는 빛이 될 것이라고 믿는다. 앞으로도 청년들이 자신의 잠재력을 키우고, 꿈을 향해 매진할 수 있도록 다양한 청년 지원 방안을 마련할 계획이다.

청년의, 청년에 의한, 청년을 위한 서초

이제 취업은 더 이상 개인의 노력만으로는 해결하기 어려운 복합적인 과제가 되었다. 빠르게 변화하는 산업 환경과 치열한 경쟁, 막막한 정보의 홍수 속에서 많은 청년이 좌절하고 있다.

나는 이러한 현실을 직시하고, 서초의 미래 주역인 청년들이 좌절하지 않고 자신의 꿈을 향해 나아갈 수 있도록 든든한 버팀목 역할을 하기로 했다. 서초구는 '청년 중심 도시 서초' 실현을 위해 청년 취업 준비를 포함한 혁신적인 청년 정책을 적극적으로 발굴 및 추진해 오고 있다.

실전 역량 강화와 맞춤형 지원

서초구가 양재 AI미래융합혁신특구 조성으로 미래 산업을 선도하겠다는 비전은 청년 인재 양성과 매우 밀접하게 연결되어 있다. 나는 우리 청년들이 4차 산업혁명 시대의 핵심 인재로 성장할 수 있도록 아낌없이 투자하고 있다. 서초구가 카이스트와 협력하여 운영하는 '서초 AI 칼리지'가 대표적인 사례이다. '서초 AI 칼리지'는 2030년까지 AI인재 1,000명 이상 양성을 목표로 운영하고 있다. 수료생에게는 카이스트 총장 명의의 수료증과 1:1 커리어 코칭, 인턴십 연계 등의 혜택을 제공해 실제 AI 산업 현장으로 진출할 수 있도록 돕고 있다. 서초구가 미래를 위한 핵심 투자로 청년들에게 새로운 기회를 제공하는 희망의 씨앗이 될 것이다.

"프로젝트를 하면서 현직 멘토님들의 피드백을 받을 수 있어서 정말 큰 도움이 됐어요. 졸업 후 어떤 분야로 나아가야 할지 막막했는데, 이제는 길이 보입니다." 한 청년 수료생의 이야기는 '서초 AI 칼리지'가 청년들의 미래를 어떻게 변화시키는지를 미리 보는 듯해 마음이 흐뭇해졌다.

취업 준비 과정에서 청년들이 가장 어려움을 겪는 부분은 '실전 경험 부족'과 '서류 전형 탈락'이라고 한다. 청년 취업 준비생들이 당면한 이 문제를 어떻게 하면 해결할 수 있을까, 고민하기 시작했다. 해결 방안은 의외로 쉽게 찾아졌다. 부족한 경험을 보충할 수 있도록 실전 역량을 강화하고 맞춤형 지원을 제공하는 '청년 직무 캠프'와 '서류패스 멘토링 프로그램'을 마련했다.

먼저 '청년 직무 캠프'는 마케팅, 금융, IT, 디자인 등 10가지 직무 지원 프로그램이다. 현재 해당 직무를 수행하고 있는 현직자가 직접 강의하고, 실무 과제를 함께 수행하며 전문 지식을 쌓을 수 있는 실전형 프로그램이다. 과제 수행 결과물은 실제 취업 과정에서 포트폴리오로 활용할 수 있다.

추가로 포트폴리오를 직접 제작해 보는 '포트폴리오 캠프' 과정도 포함했다. "현직자 멘토님과 함께 실제 프로젝트를 해보니, 이론으로만 알던 지식이 마치 살아 움직이는 것 같았습니다. 제 손으로 만든 포트폴리오를 보니 자신감이 생겨요." 한 캠프 참여자의 말이다. 청년 직무 캠프가 청년들에게 실질적인 도움이 되고 있다는 방증이다.

'서류패스 멘토링'은 반복적인 서류 전형 탈락으로 어려움을 겪는 청년들을 위한 프로그램이다. 멘토링을 통해 채용공고 분석과 맞춤형 자기소개서 첨삭을 제공하여 참여자의 서류 경쟁력을 높이는 데 중점을 두었다.

"혼자서는 도저히 답을 찾을 수 없던 자기소개서를 멘토님이 꼼꼼히 첨삭해 주셔서, 서류 합격률이 훨씬 높아졌습니다. 이제는 면접 준비에 집중할 수 있게 되었어요"라는 한 청년의 이야기는 이 프로그램이 얼마나 절실한 도움을 주고 있는지를 보여주고 있다. 이 밖에도 '서초 청년 자격증·어학시험 응시료 지원 사업'을 통해 경제적 부담을 덜어주고, '글로벌 취업 멘토링 콘서트'는 해외 취업 지원 프로그램도 운영하여 청년들의 선택지를 넓히고 있다.

청년은 서초의 미래이자, 대한민국의 희망이다. 나는 청년들이 좌절하지 않고 자신들의 잠재력을 마음껏 펼칠 수 있는 환경 조성에 힘을 쏟았다. 2025 서초 글로벌 취업 멘토링 콘서트에서 청년들을 대상으로 강연하며 '서초 청년의 전성시대'를 응원했다.

꿈을 현실로, 청년 창업 활성화 지원

청년들이 취업 시장에 뛰어드는 것을 넘어, 혁신적인 아이디어로 새로운 가치를 창출하는 '청년 창업'의 길을 열어주는 것 또한 중요하다. 나는 청년들의 도전 정신을 응원하고, 그들의 꿈이 현실이 될 수 있도록 든든한 지원에도 적극 나섰다.

'사회적경제 문화예술 청년 창업지원 프로젝트'가 대표적이다. 서초구의 문화예술 자원을 활용하여 지역사회 문제 해결을 위한 사회적경제 창업 아이디어를 가진 청년들의 창업 활동 및 사업 안정화를 지원한 경우다. 초기 창업을 위한 사업비와 사업 안정화를 위한 임차료 등을 지원해 청년 창업가들이 안정적으로 사업을 운영할 수 있도록 뒷받침하고 있다. "저희 팀의 아이디어가 서초구의 지원을 받아 현실이 될 수 있어서 정말 기쁩니다. 이제는 저희가 만든 문화 콘텐츠로 지역사회에 긍정적인 영향을 주고 싶어요." 한 청년 창업가의 포부는 서초의 청년 창업 생태계가 활발하게 성장하고 있음을 보여주고 있다.

청년과 함께 만드는 서초의 미래

'서초창업스테이션'에서는 청년창업대학(특별 강연/창업 교육) 참가자를 모집하여 창업에 관심 있는 청년들에게 실질적인 교육과 네트워킹 기회를 제공했다. 이곳에서 청년들은 스타트업 CEO의 생생한 강연을 듣고, 창업 기본 교육을 통해 사업 계획을 구체화한다. 또한 서초의 다양한 창업 지원 프로그램에 참여할 수 있는 우대 혜택도 받는다. '양재역 일대 고보라이트 청년갤러리'를 통해서는 청년 예술가들이 자신의 작품을 전시할 수 있도록 기회를 제공하는 등 문화예술 분야의 청년 창업도 적극적으로 지원하고 있다.

청년은 서초의 미래이자, 대한민국의 희망이다. 나는 청년들이 좌절하지 않고 자신들의 잠재력을 마음껏 펼칠 수 있는 환경 조성에 힘을 쏟았다. 특히 '서초 청년센터'는 청년들을 위한 종합 상담 창구다. 청년 관련 지원 정책과 자원 연계, 진로 탐색과 취업 역량 개발, 소통과 교류, 문화 활성화를 통해 청년이 스스로 만족하고 성장하도록 지원하는 청년 특화 공간이다. '청년 중심 도시 서초'를 위해 청년들의 목소리에 귀 기울이고, 맞춤형 정책들을 끊임없이 발굴하는 등 서초의 미래에 대한 투자를 아끼지 않기로 했다.

칭찬은 청년 사무관도 춤추게 한다

88서울올림픽의 해인 1988년, 공직에 첫발을 내디뎠다. 그 후, 관선 시대 7년에 이어 1995년 제1회 전국동시지방선거로 개막한 지방자치의 역사와 함께 걸어 왔다. 용산구청 청소과장 첫 보직을 시작으로, 서울특별시 홍보담당관, 행정안전부 대변인, 인천광역시 행정부시장 등 중앙정부와 광역·기초지자체를 두루 경험했다.

그중 가장 오랜 기간 몸담았던 곳은 서울시이다. 서초구청장이 된 지금도 서울시와 업무 협업을 위해 시청을 자주 찾는데, 30대 열정을 불태웠던 공간을 60대가 되어 다시 찾을 때마다 매번 감회가 새롭다.

특히 서울시 홍보기획팀장으로서 '서울 600년 사업'을 홍보했던 시절은, 내 공직 30년 인생의 터닝포인트라 할만하다. 서울시장 스피치라이터로서 '시장의 시선'에서 우리나라 수도인 서울시의 과거와 현재를 깊게 들여다보면서, 1,000만 시민의 목소리로 이어지는 대도시의 큰 그림을 그리는 비전을 체득할 수 있었다.

내가 홍보기획팀장으로 일하던 시기는 1995년 7월 취임한 민선 1기 조순 서울시장님의 재임기였다. 당시 시장님의 스피치라이터로 일하면서, 서울시 넘버원인 시장님 결재를 직접 받던 순간들을 회상하면 지금도 떨린다. 사실 서울시라는 광역지자체에서 사무관(5급)이 시장님께 직접 결재받는 경우는 흔치 않다. 보통 과장(4급) 이상의 간부급들이 직접 결재를 받는데, '스피치라이터' 업무 특성상 시장님 대면보고는 반드시 필요한 일이었다.

피할 수 없으면 즐기라고 했던가. 하지만 파릇파릇한 사무관으로서 카리스마 넘치는 조직의 수장, 시장님께 수시로 결재받는 일은 녹록지 않았다. 매번 양손에 떨림과 긴장을 가득 쥐고 시장님 집무실 문을 똑똑, 두드렸던 기억이 선명하다. 1995년 가을, 『서울 600년 사업 백서』 발간사를 결재받던 날도 마찬가지였다.

시장님은 내가 드린 발간사 초안을 한참 동안 묵묵히 검토하셨다. 기분 탓이지, 시장님 표정이 점점 굳어지는 듯했다. 선선한 가을바람이 무색하게 등줄기에서 식은땀이 흘러내릴 무렵, 고개를 든 시장님이 나직이 말씀하셨다.

"전성수 사무관, 이대로 진행하세요."

그 순간, 받아쓰기 100점을 받은 어린아이처럼 가득 차올랐던 기쁨이 지금도 생생하다. '시장님 무수정 통과'로 기억되는 1995년 가을의 하루, 그날만큼은 사무관 인생에 만점을 받은 양 업무시간 내

내 미소를 감출 수 없었다. 공직에 입문하며 매사 일희일비하지 않고 묵묵히 최선을 다하고자 다짐했건만, 사람의 마음이란 어쩔 수 없다. 칭찬은 청년 사무관도 춤추게 한다.

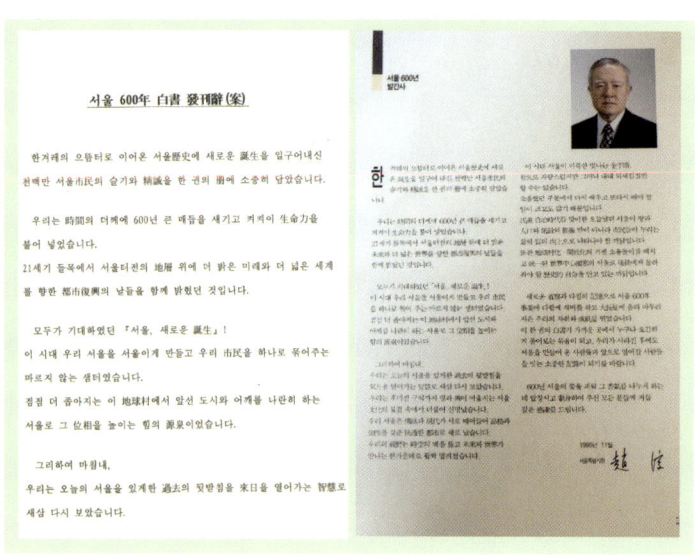

조순 시장님 시절, 서울시 홍보기획팀장으로 '서울 600년 사업 백서' 발간에 참여했던 일도 잊지 못할 기억이다. 사진 왼쪽은 당시 작업했던 초안, 오른쪽은 600년 사업 백서에 실린 실제 발간사 내용이다.

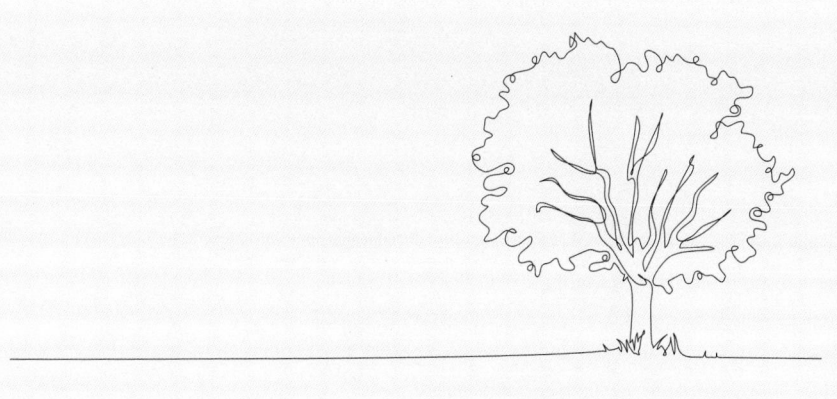

2부

혼자 가면 길이지만
함께 가면 역사가 된다

01

희망이 피어나는
공감 행정

수다로 꽃피운
111번의 수요일

"할머니 쉼터 운동기구가 너무 나이가 들었어요."
"불법주차 차량들이 반사경을 가려서 조마조마해요."
"황톳길을 걷다 보면 다리가 아파요, 의자 좀 설치해 주세요."
"앱으로 우리 아이들 셔틀버스가 어디에 있는지 알 수 있게 해주세요."

2022년 7월, 민선 8기 서초구청장으로 취임한 이후, 매주 주민들을 만나 생생한 현장의 목소리를 들었다. 주민들의 목소리 하나하나가 모여 '오늘 행복하고, 내일이 기다려지는 서초'를 만들어 왔다고 자신 있게 말할 수 있다.

구청장 취임 6일째이자 7월 첫째 수요일인 2022년 7월 6일 '찾아가는 전성 수다', 둘째 수요일인 7월 13일 '구청장 쫌 만납시다'를 시작으로, 민선 8기 '소통의 수요일'이 시작됐다. 지난해 12월 기준으로 100회를 훌쩍 넘어 누적 111회차를 맞았다.

생생한 현장의 목소리를 듣기 위해 시작한 '찾아가는 전성 수다'(위), '구청장 쫌 만납시다'(아래)는 지난해 12월 기준으로 100회를 훌쩍 넘어 누적 111회차를 맞았다.

그간 '전성 수다' 58회, '구쫌만' 53회를 통해 총 2,616명의 구민과 눈을 맞추고 손을 잡았다. 총 436개 안건으로 주민들과 허심탄회한 대화를 나눠왔다. 일상의 작은 불편 사항부터 첨예한 재건축 문제까지, 주민들과 호흡하며 '서초 사랑' 한마음으로 달려온 순간들을 돌아보니 감회가 새롭다.

'찾아가는 전성 수다 시즌1'에서는 방배천 하수암거 공사 현장, 내곡동 신원천 일대, 반포3동 뉴타운 상가 앞 교차로 등등 서초 곳곳을 둘러보며 민원 해결의 실마리를 찾아갔다. 신규 공무원 시절부터 신조로 삼았던 '현장에 답이 있다'는 말을 되새기며, 구민 숙원사항을 구정에 반영해 시의성 있게 추진하고자 노력했다.

'전성 수다 시즌2'에서는 동별 직능단체장 및 주민과의 티 타임을 가지며 구민 목소리에 좀 더 가까이 다가갔다. 서초 토박이 주민들과 각 통의 통장님들은 물론이고, 최근 서초구로 전입한 주민들이 알려주신 생생한 민원 덕분에 동네 구석구석의 불편함을 제때 덜어드릴 수 있었다. 나 또한 구정 살림을 챙기는 구청장으로서 한 뼘 성장하는 시간이었다.

서초구청 5층 구청장실 입구에 마련한 상상카페에서는 '구청장 쫌 만납시다'로 또 다른 소통의 장이 열렸다. 어린이집 부모님들, 아파트 주민대표, 재건축조합, 서초장애인연합회, 서초구 캣맘협회, 서초문화원 등등 관내 주민 및 단체 회원들의 보약 같은 쓴소리와 과분한 칭찬을 들으며 '역지사지'의 지혜를 배울 수 있었다.

2025년 1월, 양재 AI 허브 메인센터와 양재천 겨울 눈놀이터를 돌아보며 '찾아가는 전성 수다 시즌3'를 시작했다. 서초 구석구석을 발로 뛰며 '서초 박사'라는 특급 칭찬을 받았던 '전성 수다' 현장을 떠올리며 주민들의 말씀 하나하나에 귀와 마음을 활짝 열고, 앞으로도 더욱 '섬세한 행정으로 화답'하겠다고 다짐했다.

 기고문

민원의 다섯 손가락

관계에서 마음이 일어나고 호감이 깊어지면 신뢰가 생겨 갈등과 오해가 있더라도 쉽게 깨지지 않는다. 이런 관계를 지속하기 위해서는 소통을 잘해야 하는데 소통의 방식과 통로가 매우 중요하다.

민생의 최일선에 있는 기초지방정부는 주민들과의 긴밀한 소통이 필수다. 특히 현장에서 듣는 구민의 목소리는 '산소'(O_2)와 같다. 주민의 의견은 어떤 사안이나 변화를 빨리 알고 감지할 수 있는 소중한 정보다. 이를 제대로 파악해 문제를 풀고 정책을 추진하는 것에 기초지방정부의 성공 여부가 달려 있다.

나는 주민과 지방정부가 원활하게 소통할 수 있는 '민원 통로'가 많으면 많을수록 좋다는 생각이다. 더 다양하고 편안하게 의견을 주고받을 수 있어야 주민들과 친근한 관계가 만들어지고 신뢰가 쌓인다. 민선 8기를 시작하면서부터 민원 통로를 하나씩 늘려 어느새 다섯 개를 만들었고, 나는 이것을 손가락에 빗대 '민원의 다섯 손가락'이라는 별칭을 붙였다.

첫 번째는 '찾아가는 전성 수다'다. 내 이름 '전성수'와 '수다'를 결합해 직원이 만들어 준 명칭인데 입에 착 붙는다. 매월 1·3주 수요일마다 생활 현장에서 구민들과 만나는 일정이다. 방문 현장에서는 숙원이나 이해관계가 얽힌 복잡한 민원이 많기는 하지만 해결 방안을 주민과 함께 고민하는 아주 소중한 시간이다.

두 번째는 2·4주 수요일마다 구민들이 구청을 찾아 구청장과 만나는 '구청장 쫌 만납시다'다. 부산 남구 박수영 의원의 '국회의원 쫌 만납시다'를 벤치마킹했다. 주민들과 같은 눈높이에서 의견을 나눌 수 있는 귀한 시간이다. 수요일은 특별한 일이 없는 한 약속을 지키고 있다.

세 번째는 '성수씨의 직통전화'다. 문자나 SNS를 통해 민원을 받으면 3일 이내 답을 드린다. 전임 구청장 조은희 의원의 이름 '은희씨'만 바꿔서 이어 가고 있는데, 쓰레기 처리 문제부터 정책 제안까지 다양한 의견들이 쏟아진다. 네 번째는 구청 1층에 있는 OK민원센터의 '행정서비스 업그레이드'다. 이곳을 민원인이 보다 쉽게 이용할 수 있도록 리뉴얼하고 민원업무 절차도 인공지능(AI) 스마트기술 등을 활용해 효율적이고 편리하게 행정서비스를 받도록 하는 것이다. 마지막으로 구민 권익 보호제도인 '옴부즈만'이다. 행정 처리가 위법·부당하거나 행정제도가 불합리하다는 민원이 제기됐을 때 객관적으로 조사하고 중재하는 독립 감시기구다. 지난달 서초 옴부즈만 사무국이 문을 열었다.

어느 유명한 건축가에 따르면 거리를 걸을 때 편하게 드나드는 출입구가 많을수록 걷고 싶다는 생각이 든다고 한다. 구청에 편하게 말할 수 있는 통로가 많을수록 구민들도 서초를 좋아하는 감정이 커지지 않을까. 민원의 다섯 손가락이 제대로 가동되면 호감과 신뢰 관계가 형성돼 갈등 비용도 줄일 수 있다. 민선 8기 서초구는 다섯 손가락을 통해 "서초에 살아서 참 좋다"는 의견이 쭉 이어지도록 할 것이다.

(서울신문, 2023.2.8.)

잇는 건 좋아요!
나는 '횡단보도 구청장'

구청장으로서 각종 사업을 추진하며 쉼 없이 달리다 보니 어느덧 3년이란 시간이 흘렀다. 쌓인 시간만큼 여러 자랑거리가 생겼는데, 그중의 하나가 '별명 부자'이다. 'AI·관광 쌍 특구 구청장', '골목상권 전성시대 구청장', '대형마트 평일휴업 구청장', '횡단보도 구청장' 등등 내가 성과를 냈던 것에 주민들이 붙인 별명이지만 전부 과분한 별명들이다. 그중 가장 정이 가는 별칭을 하나 꼽는다면 '횡단보도 구청장'이다.

구청장이 되기 전부터 '보행 복지'에 관심을 가지고, 주요 공약으로 내세웠던 만큼 나도 모르게 슬그머니 어깨가 으쓱해진다. 예전에는 차량 통행이 중요했지만, 이제는 보행권도 중요한 시대가 됐다. 특히 장애인이나 임산부, 어린이, 어르신 등 보행 약자의 보행권은 무엇보다 우선한다는 믿음에 응답받은 듯해 더욱 뿌듯하다.

구청장 취임 후, 개통한 횡단보도를 세어보니 총 10개(2025년 1월 기준)다. 2025년 들어서도 신사역 사거리 횡단보도가 개통되면서 서초 곳곳에 막혔던 길이 시원하게 이어지고 있다. 때로는 "횡단보도 하나 잇는 게 뭐 그리 어렵냐"며 고개를 갸우뚱하는 이들도 있다. 하지만 그 안에 숨은 치열한 소통의 과정을 들려주면 누구나 고개를 끄덕인다.

2024년 12월, 15년의 기다림 끝에 'ㅁ'자로 완성된 반포동 사거리 횡단보도가 대표 사례다. 이곳은 이미 15년 전에 인근 재건축 아파트 주민들의 횡단보도 신설 요청이 쏟아졌었다. 그런데 고투몰 지하 상인들의 반대로 횡단보도를 설치하지 못했다. 내가 구청장 취임한 후 얼마 지나지 않아 고투몰 상인들을 만났다. 상인들과 대화하니 한 목소리로 "코로나19로 매출 반토막이 난 상권 회복을 위해 관광특구를 만들어달라"고 내게 요청했다. 내가 상인들의 요청에 화답하면서 길이 열리기 시작했다.

그 후, 서초구는 유관 기관과 '관광특구 용역 착수', '고터맵' 개발, '지하 공공보행통로' 공공기여 등을 추진하며 정성을 다했다. 마침내 관광특구 지정이 가시화되면서 상인들은 마음을 열었고, '횡단보도 신설 찬성'으로 재화답했다.

내친김에 자랑 하나 더하자면, 2023년 9월 '찾아가는 전성 수다' 현장에서 시작된 횡단보도가 있다. 과거 양재2동 국악고교 사거리

구청장이 되기 전부터 '보행 복지'에 관심을 가지고, 주요 공약으로 내세웠다. 2024년 12월 완성된 'ㅁ'자형 반포동 사거리 횡단보도는 15년의 기다림 끝에 마침내 완성된 서초구 '보행 복지'의 대표 사례다.

논현보도육교에는 엘리베이터가 없어서 어르신이나 장애인 등이 이용하기 정말 어려웠다. 육교 대신 다른 횡단보도를 이용하기 위해서는 약 300m를 우회해야 하는 불편함이 있었다. 계단을 오르락내리락하려면 어르신들이 힘든 건 물론, 휠체어나 유아차가 지나가기도 불편해 철거 찬성 의견이 70%가 넘었다. 반면 아이들의 안전을 염려하는 학부모님들의 철거 반대 의견도 만만치 않았다.

참 고민스러운 민원이었지만, 두 마리 토끼를 잡기 위해 더 꼼꼼히 세밀히 살폈다. '전성 수다' 현장 방문 이후 9개월 동안 주민 의견 수렴과 인근 초등학교 학부모님들에 대한 설득을 시작했다. 아울러 횡단보도 설치 방안에 대한 기본 설계안을 마련하고 서울경찰청, 서울시, 수서경찰서 및 도로교통공단 등 관련 기관들과 함께 심도 있는 검토를 거쳤다. 2024년 2월 경찰의 교통안전시설 심의를 통과하면서 국악고교 사거리의 횡단보도 신설이 확정됐다. 이는 서초구가 관계 기관과 함께 소통하며 안전과 보행 편의 해법을 찾기 위해 노력한 결실이다. 이어서 육교 철거 및 횡단보도 신설 비용으로 서울시 특별교부금 3억 원을 확보해 2024년 10월 말 횡단보도를 개통했다. 주민들의 염원인 숙원사업이 마침내 해결되었다.

'하늘은 스스로 돕는 자를 돕는다'고 했던가. 주민들의 목소리를 경청하며 정성을 다한 서초 동료 공직자들의 진심이 차례로 화답 받고 있다. 지금 이 순간에도 이어지고 있는 '진심'은, 구민 누구도 소외되지 않는 '자랑스러운 서초'를 이어가는 원동력이다.

> 기고문

횡단보도와 관광특구

세상에서 가장 유명한 횡단보도는 어디일까? 영국 런던 '애비 로드Abbey Road'의 한 횡단보도가 떠오른다. 1969년 전설적인 록밴드 비틀스 멤버들이 횡단보도를 건너는 사진을 앨범 표지로 수록한 이후 반세기가 지난 지금도 전세계 관광객이 찾는 명소다. 이러한 애비 로드보다 서초 구민들이 더 건너고 싶어하는 횡단보도를 15년의 기다림 끝에 마침내 개통했다. 바로 고속터미널 서쪽 '반포동 사거리 횡단보도'다.

15년 전 인근 아파트 재건축으로 5,000세대 이상 입주 후 주민들의 횡단보도 신설 요청이 쏟아졌다. 그러나 고투몰 지하상인들의 생존권을 건 반대로 서쪽 사거리 횡단보도는 절반만 만들어졌고, 동쪽 사거리는 아예 전무했다. 심의 권한이 있는 서울경찰청에서는 상인들의 합의없이는 불가하다는 입장이었다.

하지만 돌파구가 마련됐다. '소통'이다. 상인들과 대화를 시작했다. 2022년 구청장 취임 초기 고투몰 상인들이 "코로나19로 매출이 반토막 났다"며 침체된 상권 회복을 위해 "관광특구를 만들어달라"고 간절히 요청했고 바로 관광특구 용역 작업에 착수했다. 용역 과정에서 상인들과 수시로 치열한 소통은 물론 지하상가 내비게이션 '고터맵' 개발, 원베일리에서 고투몰과 반포한강공원을 잇는

'지하 공공보행통로' 공공기여 등을 추진하며 상인들 마음의 문을 계속 두드렸다. 서울시 서울관광재단 경찰청 문화체육관광부 등 관련 기관을 문턱이 닳도록 뛰어다니며 정성을 다했다.

'소통'이 돌파구 연 반포 사거리 횡단보도 : 진심은 통한다고 했던가. 이러한 노력 끝에 관광특구 지정이 가시권에 들어오면서 꽁꽁 얼었던 상인들의 마음이 풀렸다. 서초구청, 시구의원, 국회의원 모두의 계속된 '진심'에 상인회가 '횡단보도 신설 찬성'으로 화답한 것이다.

작년 12월 서초구는 반포동 사거리에 남동측 횡단보도 추가로 'ㅁ'자 횡단보도 완성과 함께 고속터미널~반포한강공원 일대 '고터·세빛 관광특구 지정'이라는 겹경사를 맞았다. 서울시 8개 관광특구 중 유일하게 '한강을 품은 관광특구'로 서울 랜드마크 1위 한강과 연계한 수상 레저 휴식 문화 쇼핑 먹거리를 한번에 즐길 수 있다.

전국 79개 고속버스 노선과 지하철 3·7·9호선이 연결된 교통 핵심거점에 가성비 좋은 7000여개 고투몰 지하상가, 단일점포 전 세계 매출 1위 기록을 쓴 신세계백화점, 파미에스테이션, JW메리어트호텔, 반포한강공원, 세빛섬, 내년 4월 전면 보행교로 변신할 잠수교까지 황금 관광 인프라를 갖춘 '힙플레이스'로 향후 5년간 9조원에 달하는 경제효과가 기대된다. 관광객 증가로 인한 주거환경 불편을 우려하는 주민의 목소리도 세심히 챙기고 있다. 서초구는 순찰인력 확대 및 인공지능 CCTV 실시간 관제 등을 통해 주민의 안전과 주거권을 지키며 '지속가능한 관광특구'를 만들어갈 것이다.

지난 연말 반포동 사거리 횡단보도 완전 개통에 이어 올해는 뉴코아 킴스클럽 인근 고속터미널 동쪽 사거리에도 'ㅁ'자 횡단보도를 신설한다.

'지속 가능한 관광특구' 만들어갈 것 : 공간을 뛰어넘어 사람과 사람을 잇는 횡단보도는 런던에도 있고 우리 서울에도 있다. 런던의 애비 로드 횡단보도에서 비틀스를 기억하는 것처럼 '고터·세빛 관광특구'를 찾은 관광객이 양쪽의 횡단보도를 걸으면서 '소통과 진심과 화답'을 떠올리길 소망한다.

(내일신문, 2025.1.13.)

'고터·세빛 관광특구', 세계로 통하는 서초

오랫동안 서울고속버스터미널 일대는 서울의 교통 요지이자, 활기 넘치는 쇼핑 중심지였다. 오랜 역사를 함께한 고투몰 지하상가와 신세계백화점은 수많은 이들의 발길을 이끌었다. 하지만 이곳과 불과 몇 백 걸음 떨어진 반포한강공원과 세빛섬은 마치 다른 세상처럼 분리되어 있었다. 구슬이 서말이라도 꿰어야 보배라고 했다. 흩어진 보석들을 하나의 찬란한 목걸이로 꿰어 내기로 했다. 서초의 심장부를 세계적인 관광 명소로 만들겠다는 염원을 품었다. '고터·세빛 관광·쇼핑거리 조성' 사업을 통해서다.

흩어진 보석을 찬란한 목걸이로 엮다

"구청장님, 코로나19 때문에 외국인 관광객 발길이 뚝 끊기고 상권이 너무 어려워요. 고속터미널과 한강공원이 이렇게 가까운데, 왜 제대로 연결되지 못하는 걸까요? 이곳을 관광특구로 지정해서

다시 활기를 되찾고 싶습니다."

  3년 전, 고투몰 상인회와 신세계센트럴시티 관계자들이 찾아와 간절하게 호소했다. 아직도 그분들의 목소리가 생생하다. 그들의 눈빛에서 서초가 가진 잠재력을 제대로 펼치지 못하는 안타까움을 엿볼 수 있었다. 그 자리에서 이들의 염원을 현실로 만들겠다고 약속했다.

  그때부터 치열한 노력 끝에 2024년 12월 26일, 고속터미널~반포한강공원 일대 약 0.84㎢가 '고터·세빛 관광특구'로 최종 지정·고시되었다. 한강을 품은 최초의 관광특구 지정이라 더욱 의미가 깊었다. 소식을 들었을 때, 나뿐만 아니라 구민과 상인들이 하나같이 내 일처럼 함께 기뻐하고 축하했다. 이제 서초는 명실상부한 글로벌 관광도시로 도약할 수 있는 든든한 발판을 마련하게 되었다.

  '고터·세빛 관광·쇼핑거리' 조성의 첫 번째 과제는 단절된 공간을 연결하는 것이다. 예전에 서울고속버스터미널에서 한강공원으로 이동하려면 복잡한 도로를 우회하거나 횡단보도를 건너야 했다. 먼저 이러한 불편을 해소하고 관광객들이 쉽고 안전하게 이동할 수 있도록 물리적인 연결성을 확보하는 데 주력했다.

  가장 먼저 고투몰 지하상가에서 반포한강공원으로 이어지는 '지하 공공보행통로'를 개방했다. 이제 쇼핑을 즐기던 관광객들이 지하 통로를 통해 곧바로 한강의 시원한 바람을 맞을 수 있게 되었다.

반포동 사거리 횡단보도를 'ㅁ'자로 완성하였고, 반포대로에서 반포한강공원으로 직접 내려갈 수 있는 엘리베이터 설치 계획을 수립했다. 고속버스터미널과 한강을 잇는 지하 공간에는 세계적인 아티스트들이 참여한 공공미술로 서울의 24시간을 담은 '서울의 24시 벽화'와 '파블로 루이스 피카소' 벽화 프로젝트를 진행했다.

이제 지하 보행 통로는 예술 작품을 감상하며 새로운 문화적 경험을 할 수 있는 '지하 갤러리'로 변모했다. "지하상가에서 나오는데 갑자기 멋진 그림들이 펼쳐져서 깜짝 놀랐어요. 마치 예술 작품 속으로 걸어 들어가는 기분이었죠"라는 한 시민의 감탄은 그동안 꿈꿔 오던 서초 변화의 시작을 알리는 축포였다.

세계로 뻗어가는 글로벌 관광도시 서초

'고터·세빛 관광특구'는 쇼핑과 문화, 자연의 아름다움까지 오감으로 제대로 즐길 수 있는 경험을 제공한다. 44년 역사의 고투몰과 신세계백화점은 여전히 쇼핑의 메카로 자리 잡고 있다. 세빛섬은 화려한 미디어아트와 함께 한강의 낭만을 선사한다. 밤이 되면 반포대교의 '달빛무지개분수'가 환상적인 물줄기와 빛으로 밤하늘을 수놓고, 잠수교에서는 '뚜벅뚜벅 축제'가 시민과 관광객들에게 잊지 못할 추억을 만들어준다. 관광특구를 찾는 모든 이들이 즐거운 경험을 누릴 수 있도록 다양한 특화 프로그램을 운영한다. 앞으로도 공공미술 전시와 같은 문화예술 행사를 지속적으로 유치하여 관광객들에게 풍성한 볼거리를 제공할 계획이다. 최근에는 '고터·세빛 관광안내센터'를 개관해 이곳을 찾는 이들에게 필요한 정보를 제공하고 있다.

'고터·세빛 관광특구'는 서초의 도시 경쟁력을 높이고 지역 경제에 새로운 활력을 불어넣을 핵심 동력이 될 것이다. 연간 119만 명의 외국인 관광객 방문을 추산하고 있다. 향후 5년간 약 9조 원의 경제적 파급 효과가 기대된다. 관광특구는 상권에 다시 활력을 불어넣고, 양질의 일자리를 창출하며, 서초의 브랜드 가치를 높이는 핵심 역할을 할 것으로 본다.

'고터·세빛 관광특구'는 반포대로를 중심으로 한 '서초 문화벨트'의 핵심축으로 서리풀 악기거리, 사법정의 허브, 책있는 거리 등 다른 테마 거리들과 유기적 연계로 시너지를 창출할 것이다. 문화와 자연, 쇼핑이 한데 어우러지면서 서초는 세계인이 다시 찾고 싶은 '글로벌 관광도시 서초'로 우뚝 서게 될 것을 확신한다. 41만 구민의 삶에 활력과 행복이 가득 채워지는 그날까지, 서초를 위해 끊임없이 노력할 것이다.

구청장실 찾은 서초 꿈나무들

구청장이 된 후, '성수씨의 직통전화'로 맺은 특별한 인연들이 있다. 취임 후 첫가을을 맞이하던 2022년 9월, 반원초등학교 2학년 이규연 학생에게서 문자 한 통을 받았다. 학교에서 직업에 대해 배우고 있는데, 정치와 선거에 관심이 많아서 구청장인 나와 인터뷰를 하고 싶다는 내용이었다.

대한민국의 미래를 이끌어갈 서초 꿈나무의 기특한 요청에 반가운 마음으로 인터뷰 요청에 응했다. 초롱초롱한 눈으로, 꼼꼼하게 준비한 질문을 하는 규연이의 모습을 보고 참으로 흐뭇하고 대견하다는 생각을 했다.

"이 일을 하신 지는 얼마나 되셨나요?"
"왜 이 직업을 선택하셨나요?"
"보람을 느끼실 때, 가장 힘들 때는 언제인가요?"
"이 직업의 좋은 점은 무엇인가요?"

무럭무럭 자라나는 우리 서초의 아이들이 환한 미소를 잃지 않고 더 나은 내일을 꿈꿀 수 있도록, 구청장으로서 계속해서 건강하고 미래가 있는 서초구를 만들어가고 싶다.

규연이의 질문 하나하나에 답하며 나 역시도 우리 서초 꿈나무가 미래를 향해 가는 여정에 조금이나마 도움을 줄 수 있는, 뜻깊고 가치 있는 시간이었다.

규연이의 꿈은 '대통령'이라고 했다. 나와의 인터뷰가 우리 규연이에게 다시 한번 꿈을 다지고, 키울 수 있는 소중한 시간이었기를 바란다. 꿈이 이루어지는 데 하나의 밑알이 된다면 그것이야말로 가장 큰 기쁨이다.

취임 후 세 번째 여름, 2024년 8월에는 '성수씨의 직통전화'로 한 어머니의 문자를 받았다. 미국 '라이더 대학교'(뉴저지주 소재)에서 열린 '2024 세계 창의력 올림피아드'에서 서초 미래 인재들이 금·은·동을 휩쓰는 쾌거를 이뤘다는 소식이었다. 'AI Coding Challenge 부문'에서 대상을, 'Math&Science Challenge 부문'에서 은상과 동상을 수상했다고 전해 왔다.

  수상을 축하하고 격려하기 위해 어린이들과 어머니들을 구청장실로 초대했다. 신반포중 임지윤(1학년), 설재우(1학년), 차승호(1학년), 차승세(3학년), 잠원초 차하린(5학년) 자랑스러운 서초 꿈나무 5명과 어머니들을 기쁜 마음으로 맞이했다. 빛나는 서초 아이들로부터 수상 작품에 대해 직접 설명을 들었다. "특히 내면 돈 많이 벌 거다"라는 해외 심사평에 우리는 함께 활짝 웃으면서 뿌듯해했다. 나는 자랑스러운 서초의 꿈나무들인 우리 아이들에게 아낌없는 칭찬과 응원의 박수를 보냈다.
  무럭무럭 자라나는 우리 서초의 아이들이 환한 미소를 잃지 않고 더 나은 내일을 꿈꿀 수 있도록, 구청장으로서 계속해서 건강하고 미래가 있는 서초구를 만들어가고 싶다.

아이들의 인성과 꿈을 키워주는 '서리풀샘'

나는 우리 아이들이 미래 사회의 건강한 주역으로 발돋움할 수 있도록 '전인적 교육 환경'을 조성하는 것이 꿈이다. 전인적 교육 환경이 조성되면 아이들은 스스로 생각하고, 좌절을 이겨내며, 올바른 인성을 함양할 수 있다. 아이들이 배움을 통해 얻어야 할 소중한 가치는 지적인 능력도 중요하지만, 긍정적인 자세와 내면의 힘이라고 믿는다.

우리는 아이들이 특정 과목에 대한 두려움으로 인해 스스로 배움을 포기하는 현실을 직시해야 한다. '어떻게 하면 아이들이 공부에 대한 두려움 없이 즐겁게 배울 수 있을까', '어떻게 하면 사교육 부담 없이 아이들의 인성까지 아우르는 양질의 맞춤 교육을 제공할 수 있을까?' 이러한 고민은 나의 오랜 숙제였다. 이 고민에 대한 해답을 서초구에서 실시하고 있는 '서리풀샘' 사업에서 찾았다. 서리풀샘 사업은 전임 구청장 때, 도입한 사회공헌 활동과 아이돌봄 사업을 융합한 새로운 개념의 사업이다.

삶의 지혜를 가르치다

"구청장님, 저희 아이가 학원만 가면 풀이 죽고, '나는 이것은 못해'라는 말을 달고 살아요. 성적보다도 아이가 스스로 포기하는 것 같아 정말 걱정입니다."

한 학부모님이 내게 들려준 하소연은 내 마음을 무겁고 먹먹하게 했다. 어떤 과목이든 어렵다는 생각은 아이들의 자신감을 꺾게 마련이다. 그리고 아이의 잠재력을 가로막는 커다란 장벽이 되고 만다. 나는 아이들이 배움에 대한 두려움 없이 문제를 해결하는 끈기, 틀려도 다시 도전하는 용기, 스스로 깨달았을 때의 성취감을 배웠으면 한다. '왜?'라는 질문을 던지고 스스로 해답을 찾아가는 과정을 통해 비판적 사고력과 함께 긍정적인 자아 개념을 키울 수 있도록 돕고 싶었다.

획일적 교육 방식은 한계가 있을뿐더러 오히려 아이들을 망치게 한다. 아이들은 저마다 학습 속도와 이해도가 다르고, 흥미를 느끼는 분야도 천차만별이다. 아이들의 개별성을 존중하면서 양질의 교육 기회를 균등하게 제공하고 아이의 인성적 성장까지 도모할 방법은 없을까?

이 질문에 대한 깊은 고민을 거듭한 끝에 결정했다. 서초구에서 이미 운영 중이던 '서리풀샘'을 확대 시행하기로 했다. AI 기반 맞춤형 학습 플랫폼과 따뜻한 멘토링이 결합하였다.

AI와 서리풀샘의 만남

'서리풀샘'은 서초구의 교육 인프라와 첨단 AI 기술, 그리고 아이들의 인성적 성장을 중시하는 '사람의 손길'이 결합된 서초형 에듀테크 모델이다. 온라인 강의나 문제풀이식 교육 프로그램이 아니다. 아이를 위한 '전담 과외 선생님'처럼, AI가 아이들의 학습 데이터를 분석하여 강점과 약점을 파악하고 최적화된 학습 콘텐츠를 제공하는 방식이다. 동시에 실제 멘토들이 아이들의 학습 태도와 정서적 성장을 세심하게 관리하는 '맞춤형 전인교육' 서비스다.

한번 상상해 보자. 아이들은 게임처럼 재미있는 방식으로 학습 콘텐츠를 접한다. AI 선생님은 아이의 실력과 기분까지 살피며 난이도를 조절하고 끈기 있게 기다려준다. 틀린 문제는 정답을 알려주되 왜 틀렸는지 스스로 분석하고 깨달을 수 있도록 유도한다. 이를 통해 아이의 사고력과 문제 해결 습관을 길러준다. 서리풀샘은 딱딱한 교과서 대신, 상호작용하는 콘텐츠와 시각 자료를 통해 개념을 한층 쉽게 이해하고, 나아가 학습에 대한 긍정적인 태도를 형성할 수 있도록 설계됐다.

여기에다가 '서리풀샘'의 진정한 강점인 멘토 선생님들의 역할이 더해진다. 멘토들은 아이들의 학습 상태 진단은 물론이고 '인성코

치'로서의 역할을 수행한다. 공부에 대한 흥미를 잃었을 때는 용기를 북돋아 주고, 어려운 문제에 좌절할 때는 끈기를 가지고 도전할 수 있도록 지지한다. 학습 습관을 형성하고, 자기 주도성을 키우는 데 필요한 정서적 지원과 피드백을 아끼지 않는다.

'서리풀샘'의 특징은 크게 4가지로 정리할 수 있다. 첫째, AI 기반 개인별 맞춤 학습이다. 아이의 학습 수준과 진도를 AI가 정확하게 진단하여, 개인에게 꼭 맞는 문제와 학습 경로를 제시한다. 이는 아이 스스로 학습의 주체가 되어 자기 주도 학습 능력과 자신감을 키워주는 역할을 한다. 둘째는 게임화된 학습 경험이다. 지루하게 느껴질 수 있는 학습에 흥미 요소를 더해, 아이들이 자발적으로 참여하고 학습 동기와 성취감을 느낄 수 있도록 했다.

셋째는 체계적인 학습 관리와 인성 멘토링이다. 부모들은 앱을 통해 아이의 학습 진도와 성취도를 실시간으로 확인할 수 있다. 서리풀샘 멘토를 통해서는 학습 상담은 물론이고 정서적 교감과 인성 지도를 통해 더욱 효과적인 학습 계획과 바른 인성 함양을 위한 지도를 받을 수 있다. 넷째는 취약 아동 교육 격차 해소이다. 서리풀샘은 특히 취약계층 아동의 교육격차 해소를 위한 중요한 디딤돌 역할을 한다.

우수한 지역 인적자원이 멘토로 참여하여 학습 및 진로 멘토링뿐만 아니라 따뜻한 관심과 지지를 통해 아이들의 자존감을 높이고 긍정적인 성장을 돕는다. 아이들이 동등한 출발선에서 꿈을 향해 나아갈 수 있도록 지원하는 것은 서초의 목표이자 약속이다.

교육격차 해소와 인성교육을 위해

서리풀샘의 핵심 운영 방향은 '수학교육'보다 '아이들의 인성교육과 전담 과외 선생님 역할'에 초점을 맞추고 있다. 따라서 선발 시에도 학업 성적보다 아이의 잠재력, 학습 의지, 정서적 지원 필요성 등을 더욱 중요하게 고려한다. 아이를 선발할 때, 가장 중점적으로 고려하는 요건은 다음 4가지다.

첫째가 취약계층 아동이다. 서리풀샘은 '취약아동의 교육격차 해소를 통한 동등한 출발을 지원하는 프로그램'으로 명시돼 있다. 따라서 저소득층, 한부모 가정, 다문화 가정 등 교육 취약계층 아동들이 주요 선발 대상이 된다. 둘째는 거주지 요건이다. 서초구 내에 거주하는 아동을 대상으로 한다. 이는 지역 내 교육 자원을 활용하여 해당 지역 아동들에게 혜택을 주기 위함이다. 셋째는 연령과 학년이다. 미취학 아동부터 초등학생, 중학생, 고등학생까지 다양한 연령대의 아동을 대상으로 한다. 구체적인 모집 시기에 따라 특정 학년이나 연령대를 집중적으로 선발할 수 있다. 넷째는 학습 및 정서적 지원 필요성이다. 서리풀샘은 성적 향상만을 목표로 하는 것이 아니다. 학습에 대한 흥미를 잃었거나 정서적 지지가 필요한 아동들에게 우선권을 준다. 멘토링 프로그램의 특성상 학습 외적인 부분에서의 성장 가능성이 중요한 요소이다.

아이들의 성장에서 서초 교육의 미래를 보다

'서리풀샘'은 도입 이후 놀라운 성과를 거두고 있다. 현재 120여 명의 멘토 선생님들과 1,000명이 넘는 아이들이 서리풀샘을 통해 즐겁게 공부하면서 삶의 중요한 가치를 깨우쳐 가고 있다. 2024년 12월에는 '서리풀샘 5주년 기념 Thanks to Festival'을 개최해 그동안 성과를 공유하고 멘토들의 헌신과 열정에 감사를 표하는 자리를 가졌다. 나는 서초구청장으로서 행사에 참석해 "서리풀샘이 아이들의 소중한 꿈을 이뤄 줄 디딤돌 역할을 할 수 있도록 적극적으로 지원하겠다"고 약속하며 아이들의 성장을 응원했다.

한 아이는 서리풀샘을 통해 공부에 흥미를 갖게 됐다고 말하며 활짝 웃었다.

"이제 공부 시간이 기다려져요. 틀려도 괜찮다고 말해주는 AI 선생님과 멘토 선생님 덕분에 용기가 생겼어요."

학부모 또한 "사교육비 부담 때문에 걱정이 많았는데, 서리풀샘 덕분에 아이가 집에서 즐겁게 공부할 수 있게 되었다"면서 "무엇보다 스스로 계획하고 실천하는 책임감 있는 모습으로 변했다"며 감

'서리풀샘'은 서초구의 교육 인프라와 첨단 AI 기술, '사람의 손길'이 결합된 서초형 에듀테크 모델이다. 사진은 2023년에 열린 서리풀샘 멘토 발대식 모습.

사 인사를 전했다. 아이들의 변화와 학부모들의 긍정적인 평가는 서리풀샘이 서초의 교육 지형을 바꾸고 있다는 얘기다. 아이들의 인성 함양에 크게 기여하는 서리풀샘은 우리 서초가 지향하는 '따뜻한 스마트 도시'의 핵심 축이다.

서리풀샘은 이제 아이들의 자기 주도성 문제 해결 능력과 긍정적인 태도, 인성 교육에 없어서는 안 될 강력한 교육플랫폼이 되어가고 있다. 앞으로도 서리풀샘을 지속적으로 고도화하고, 더 많은 아이에게 혜택이 돌아갈 수 있도록 지원을 아끼지 않을 것이다. 서리풀샘은 구민의 지속적인 관심과 사랑 속에 서초의 교육 혁신을 이끌며 서초의 미래를 밝히는 아름다운 빛이 될 것이라고 믿는다.

02

숙원사업 해결사,
구민이 행복한 성과 행정

서초의 숙원사업,
현장에서 길을 찾다

지자체장의 역할은 지역 발전의 큰 그림만 그리는 것에 한정돼 있지 않다. 주민들의 작은 목소리에도 귀 기울이고, 작은 불편 하나도 내 일처럼 느끼며 해결책을 찾아 나설 때 제 역할을 다한다고 생각한다. 서초구의 숙원사업들은 거창하고 원대한 목표가 아니다. 구민 한 분 한 분의 일상생활 속에서 시작된 간절한 바람들이다.

주민의 목소리에 귀 기울이는 이유

"구청장님, 벌써 몇십 년째 이 문제로 고생하고 있습니다. 매년 민원을 넣어도 해결이 안 돼서 정말 답답해요. 이번에는 꼭 좀 해결해 주세요."

취임 후 '찾아가는 전성 수다'와 '구쫌만(구청장 쫌 만납시다)'을 통해 서초 곳곳의 현장을 직접 방문하면서 가장 많이 들었던 이야기 중

하나이다. 주민들의 얼굴에는 오랜 기다림과 실망감, 동시에 작은 희망이 교차하고 있었다. 나는 이분들의 눈빛에서 '해묵은 숙원사업'들이 단순한 행정 과제가 아니라, 주민들의 삶과 직결된 절박한 문제임을 다시 한번 깨달았다.

'귀를 열고, 주민 눈높이에서 바라보는 것'. 내가 숙원사업 해결의 출발점으로 삼는 원칙이다. 주민들의 생생한 목소리를 듣고, 그들의 불편함을 현장에서 직접 보고 느껴야만 진정한 해결책을 찾을 수 있다고 믿기 때문이다. 그렇게 주민들과 직접 소통을 통해 서초의 숙원사업들을 하나하나 파악하고, 해결의 실마리를 찾아가기 시작했다.

서초의 숙원사업들은 다양하다. 공력을 쏟은 만큼 장쾌한 현실로 결실을 보는 것도 있지만 좀처럼 해결의 실마리를 찾지 못하는 것도 있다. 복잡한 이해관계와 거대한 예산으로 인해 수십 년간 해결되지 못한 채 주민들의 발목을 잡기도 한다. 나는 이러한 난제 하나하나를 외면하지 않고 주민들과 함께 고민하면서 해결 방안을 모색했다. 다음은 그동안 끈기 있게 추진하며 성과를 내기 위해 힘을 쏟은 사례들이다.

✛ 교통의 혁신, 삶의 여유를 선물하다 : 양재역 일대는 서초뿐 아니라 서울 동남권의 중요한 교통 요충지다. 그럼에도 복잡한 환승 동선과 혼잡함은 오랫동안 주민들의 불만이었다. 나는 이곳에 '세상

에서 제일 편리한 환승 체계'를 구축하겠다는 목표 아래, GTX-C 양재역 환승센터와 서초타운 복합청사 건립을 추진하고 있다. 지하철, 버스 등 인근 교통수단을 5분 이내에 쉽고 편리하게 이용할 수 있는 '환승 코어'를 조성하는 것이 핵심이다.

"출퇴근길이 지옥 같았는데, 이제 환승 시간이 확 줄어든다고 하니 정말 기대됩니다. 저의 일상이 훨씬 여유로워질 것 같아요."

양재역 인근에서 근무하는 직장인은 '환승 코어' 프로젝트가 가져올 대변화를 미리 대변하고 있었다. 내가 구청장으로 취임 전이지만 40년 숙원이던 서리풀터널 개통으로 방배동과 서초동, 강남권 연결의 단절을 해소했다. 동작·서초·강남 생활권을 하나로 연결하면서 교통 편의와 접근성을 크게 개선하였다.

✚ 안전한 서초, 삶의 터전을 지키다 : 2022년 여름, 기록적인 폭우로 인한 침수 피해는 구민 안전을 최우선으로 해야 한다는 나의 신념을 더욱 확고히 했다. 강남역 일대의 고질적인 침수 문제 해결은 오랫동안 서초의 숙원사업이었다. 나는 이 문제를 근본적으로 해결하기 위해 서울시와 힘을 합쳐 대심도 빗물 터널 사업을 2030년 완공 목표로 추진 중이다. 또한 맨홀 추락 방지 시설 확충, AI 침수예보 시스템 도입 등 촘촘한 안전망을 구축해 더 이상 침수 피해의 아픔을 겪지 않도록 총력을 기울이고 있다.

위기 상황에서는 현장의 목소리가 책상 위 보고서보다 훨씬 생생하고 중요하다는 것을 알았다. 빗물 배수터널 공사 현장의 지하 5m 깊이까지 직접 내려가서 관계자들과 머리를 맞대고, 위험 요소를 점검하며 안전하고 신속한 공사를 당부했다.

"지난번 물난리에 정말 아찔했는데, 구청에서 이렇게 철저하게 대비해 주니 올여름은 안심이 됩니다"라는 주민의 한숨 섞인 안도감이 오히려 내게는 큰 동기 부여가 되었다.

✦ 지역 균형 발전, 모두가 행복한 서초 : 서초구 내에서도 지역별로 성장 격차가 존재한다. 오랫동안 개발이 지연된 곳도 여럿 있다. 나는 이러한 지역 불균형을 해소하고 모든 구민이 행복한 서초 만들기에 발 벗고 나섰다. 성뒤마을 개발사업은 오랫동안 방치됐던 이 지역을 친환경 주거단지로 조성하고, 생태 육교를 설치해 주민들 삶의 질을 높이는 사업이다. 위례과천선 선암IC역과 포이사거리역 신설을 조속히 추진해야, 교통 소외 지역에 대한 접근성 개선으로 균형 발전을 앞당길 수 있다. 하명달 경로당 이전 등 지역 주민들의 오랜 염원인 생활 인프라 개선 사업도 꼼꼼히 챙겨 주민들의 만족도를 높이고 있다.

난관을 극복하는 '현장형 행정'의 힘

숙원은 '오랜 소원'이란 뜻이다. 숙원사업이 열매를 맺으려면 오랜 시간이 소요된다. 숙원사업 해결은 그만큼 쉽지 않다는 의미다. 때로는 중앙정부, 서울시, 민간 기업 등 다양한 이해관계자와 복잡한 협의 과정이 필요하다. 막대한 예산이 발목을 잡기도 한다. 나는 이러한 난관에 부딪힐 때마다, 주민들의 간절한 목소리를 떠올리며 포기하지 않고 끈기 있게 설득하고 조정해 왔다. 특히 '구민 눈높이에서 바라보는 것'은 현장 중심의 실질적인 해결책을 마련하는 데 큰 도움이 되었다. 나는 빗물 배수터널 공사 현장의 지하 5m 깊이까지 직접 내려가서 관계자들과 머리를 맞대고, 위험 요소를 점검하며 안전하고 신속한 공사를 당부했다. 이러한 '현장형 행정'이 불가능해 보이던 숙원사업들을 하나하나 현실로 만드는 원동력이 되고 있다.

주민과 함께 만드는 '오늘 행복한 서초'

　숙원사업 해결은 구청장 혼자만의 힘으로는 불가능하다. 구민의 적극적인 참여와 지지에 공직자들의 헌신적인 노력이 뒷받침되어야 가능한 일이다. 주민의 목소리에 더욱 귀 기울이고, 현장을 외면하지 않아야 문제 해결이 보인다. 현장에서 문제의 해결책을 찾아 끝까지 책임지고 해결하는 '현장형 구청장'이 되는 것이 주민에 대한 약속을 지키는 것이자 구청장으로서의 바람이다.

　아직 서초에는 해결해야 할 숙원사업들이 많이 남아 있다. 주민 모두가 안심하고 살아갈 수 있는 서초, 오랜 염원이 현실이 되는 서초를 만들기 위해 주민들 삶의 현장 속에서 그 해답을 찾아가겠다. 숙원사업 해결의 단초를 찾기 위해 나는 오늘도 주민들 속으로 들어간다.

기고문

지방자치 30년…
민생 속으로 찾아가는 '바퀴 달린 행정'

　민선 지방자치 30주년을 맞았다. 1995년 6월, 첫 전국동시지방선거로 지자체장을 선출하며 본격적인 민선 지방자치 시대가 열렸다. 필자는 1988년 서울올림픽의 해, 공직에 첫발을 디딘 후 관선 시대 7년에 이어 민선 1기 조순 전 서울시장 등 지방자치의 역사와 함께 걸어왔다. 서울시청, 인천시청, 행정안전부, 청와대 등 광역지자체와 중앙정부를 거쳐 민선 8기 서초구청장이 된 지금까지 품어온 신조는 한결같다. "공익은 민생 현장에서 시작된다"는 확신이다.

　지방자치의 오늘과 내일을 거론하자면 우선 대한민국 헌법의 핵심에 들어가야 한다. 우리 헌법정신인 자유 민주주의는 인간의 자유와 시장 자유가 그 본원적 가치다. 견제와 균형을 위한 권력분립은 인간의 탐욕을 통제하고 불완전성을 보충하기 위한 제도적 장치다. 나아가 지방자치는 분권과 자치를 통한 권리와 책임의 구체화를 위한 것으로, 중앙과 지방간 균형발전을 도모하며 다원주의를 확장한다. 이는 자유 민주주의의 제도적 장치인 견제와 균형의 확대이자 책임정치의 구현이다.

국가는 다리 셋이 떠받치는 솥 정(鼎)과 같다. 입법부·사법부·행정부가 상호 견제로 균형을 이루며 주권자인 국민의 이익 증진을 도모한다. 솥 안에는 국민의 뜨거운 요구인 '민생'이 담겨있다. 솥발 하나라도 길거나 짧으면 균형을 잃고 기울어져 그 안의 민생이 쏟아지게 된다. 이렇게 기울어진 솥은, 민생의 밥그릇이 아닌 위정자의 사리사욕을 채우는 탐욕의 솥으로 전락하고 만다.

한편, 사법부가 없는 지방정부는 수레의 양 바퀴와 같다. 국가라는 솥 안에 민생이 담겨있듯, 지방정부라는 수레 위에도 민생이 놓여있다. 집행부와 지방의회, 두 바퀴 중 한쪽이 너무 커지면 덜컹덜컹 기우뚱거리며 민생에 제때 응답할 수 없다. 따라서 지방정치는 지나친 견제보다는 대화와 협력을 지향해야 지역사회가 막힘없이 굴러갈 수 있다.

서초구는 민생 속으로 직접 찾아가는 바퀴 달린 행정을 펼치고 있다. 청년 예술인이 트럭 위에서 공연하는 '바퀴 달린 콘서트', 고쳐 쓰고 갈아 쓰는 '바퀴 달린 우산과 칼', 책을 싣고 '여행하는 서재', '찾아가는 재건축콘서트·세무설명회·건강체험관' 등 두 바퀴 위에 "민생"을 싣고 동네 구석구석을 누빈다. 이렇게 일상에 스며든 행정서비스는 주민이 체감하는 변화로 민생을 활짝 웃게 만든다. 정책은 콘텐츠도 중요하지만, 타이밍이 더 중요하다. 고령화, 1인가구, 청년, 저출생 등 사회 현안에 시의적절하게 반응하고 만들고 밀어 올려 중앙 정책으로 확산시키는 것도 지방정부다. 지역경제·복지·문화체육·교통·환경 등 반발짝 앞서가는 행정으로 주민 일상을 흔들림 없이 잘 살피는 것이 관건이다.

지방자치 30년, 스스로 뜻을 세우고 힘차게 도약해야 할 '이립(而立)'의 나이를 맞아 명실상부한 '지방분권'으로의 대전환이 필요하다. 지방이 살아야 나라가 산다. 여러 전환기적 과제에 맞서 해결책을 모색하려면 책임과 자유의 확대가 절실하다. 결국은 민생이다. 주민 가장 가까이 있는 지방정부가 제때 힘을 발휘할 수 있도록 이제 지방정부의 시간이 되어야 한다.

(문화일보, 2025.6.12.)

10년의 기다림,
우면산터널 양방향 버스 운행 시작

2022년 11월 21일, 서초 구민들이 10년간 기다려온 숙원사업이 마침내 해결됐다. '~우면동~우면산터널~서초역·교대역~' 양방향으로 왕복하는 4435번 버스가 운행을 시작한 것이다. 그간 우면동에서 서초동으로 우면산터널 편도 운행을 하는 버스 노선은 있었다. 하지만 반대 방향 노선은 없어 주민들이 많은 불편을 겪어야 했다. 우면산터널을 경유하면 약 10분이면 갈 수 있는 길을 1~2회 환승을 거쳐 40분 이상 우회해야 했다.

구청장 후보자 시절 주민들을 만났을 때, 직접 들은 의견들이 내 마음에 무거운 책임감으로 남아 있었다. 교통 단절로 인한 불편함은 우리 삶의 질을 좌우할 정도로 중요한 부분이다. 해당 구간을 빙빙 돌며 하루의 시작과 끝을 보내는 학생들에겐 '통학 지옥'이고, 직장인들에겐 '통근 지옥'이 돼버린 이동 시간이었다. 이런 어려움에도 내게 힘을 실어주던 주민들을 보며 구청장이 되면 피부에 와닿는 '교통 복지'로 꼭 화답해 드리자, 다짐했다.

2022년 11월 21일, 우면동에서 교대역을 오가는 4435번 버스 양방향 개통이 이루어졌다. 운행 첫날 아침, 우면동 주민분들과 함께 4435번 버스를 탔던 순간의 기쁨이 어제 일처럼 선명하다.

구청장 취임 후, 곧장 서울시 관계자를 만났다. 서울시의원과 함께 우면동의 열악한 대중교통환경 개선을 위한 버스 노선 신설을 강력히 요청했다. 또, 지속적으로 교통 모니터링을 실시하는 등 전방위적인 노력 끝에 결실을 맺은 것이다.

운행 첫날 아침, 우면동 주민분들과 함께 4435번 버스를 탔던 순간의 기쁨이 어제 일처럼 선명하다. 구청장 후보자 시절 약속에 대한 첫 화답이자, 서초 구민의 '교통 복지'를 1순위로 삼은 나 자신과의 약속을 지켰다는 뿌듯함 또한 컸다.

달라진 교통 환경에 하루를 시작하는 주민들의 발걸음이 한결 가벼워 보였다. "우면산터널을 왕복하는 노선은 가뭄의 단비 같은 선물"이라고 기분 좋게 말씀해 주신 분도 계셔서, 나 또한 기쁜 마음 가득 안고 한 주를 시작했던 기억이 난다.

버스에서 마주한 당시 서울고등학교 2학년 최진성 학생의 눈빛이 참 초롱초롱했다. 지금쯤 대학생이 되었을 진성 군이 4435번 버스를 타고 통학하며 마음에 품었던 꿈을 향해 힘차게 달리고 있길 바란다.

우리 아이들 등하굣길과 주민분들 출퇴근길을 맡아주시는 운전기사님에게 응원의 말씀을 드리는 것도 잊지 않았다. 그때도 지금도 안전 운전으로 서초 구민의 발이 되어주고 계실 분들에게 감사한 마음 가득하다.

무엇보다 서울시 버스정책과 문턱이 닳도록 뛰어다닌 우리 서초구 교통행정과 동료 공직자 여러분이 없었다면 이루지 못했을 결실이다. 서초 구민을 위해 전격 결단해준 서울시 도시교통실 공직자분들, 함께 힘을 실어주신 서울시의원님에게도 다시 깊은 감사의 말씀을 드린다.

　우면산터널을 편도로만 운영했던 대중교통 때문에 정말 불편했을 텐데, 양방향 버스가 개통하기까지 서초구를 믿고 기다려주신 주민분들에게도 진심으로 감사한 마음이다. 짧아진 이동 시간만큼 더 많은 시간을 가족, 친구들과 보내며 행복한 하루하루를 맞이하시길 소망한다.

서초는 지금 '골목상권 전성시대'

 2024년 10월, 서초강남역 상권이 '강남역 케미스트릿CHEMI-Street' 글로컬 브랜드로 출발의 닻을 올렸다. 지하철 강남역 9번 출구 일대가 'K-맛, 멋, 미' 케미로 새롭게 도약함을 알리는 뜻깊은 순간이었다. 낭만 가득한 고기골목 야장, K-뷰티 팝업 스토어, 침묵의 댄스파티 등 재미와 케미가 팡팡 터지는 '강남역 케미스트릿 페스티벌'은 강남역 9번 출구 일대를 무심코 지나치던 수많은 유동 인구를 끌어당기는 촉매제 역할을 위해 마련됐다.

 이 또한 2023년 10월 '찾아가는 전성 수다' 현장에서 만난 강남역 상가번영회 분들의 간절한 목소리에 대한 응답이라는 점에서 더욱 뜻깊다. 강남역 9번 출구와 연결되는 서초대로77길과 75길 일대 10만㎡ 지역은 우수한 교통 여건과 풍부한 유동 인구로 높은 잠재력을 지녔지만, 그간 차별화된 골목상권 브랜딩이 없어 아쉽다는 의견이 많았다.

 유관 부서가 TF를 만들어 수시로 브레인스토밍을 하며 '서초강남역 상권 활성화'를 위해 중지를 모았다. 구 차원에서 상권 브랜드 개발과 상권 경관 개선 계획을 세우는 한편, 재원 확보에도 힘썼다. 한마음으로 정성을 기울인 끝에 2024년 3월 서초강남역 상권이 '서울시 로컬브랜드 상권 육성사업' 공모에 선정, 3년간 30억 원 예산 지원이라는 쾌거를 이뤄냈다. 2022년 제1기 로컬브랜드 상권으로 선정된 '양재천길 상권'에 이은 서울 자치구 최초 더블 선정으로, 그간 서초구의 상권 활성화에 대한 노력과 성과가 인정받은 것이다.

아름다운 양재천을 더욱 빛낸 '양재아트살롱'

양재천길 '살롱 인 양재천' 상권은 2022~2023년 기준 서울시 로컬브랜드 상권 7개 중 유동 인구 증가율 1위, 매출액 15% 증가라는 눈에 띄는 성과를 거뒀다. 봄과 가을, 아름다운 양재천을 더욱 빛낸 '양재아트살롱'은 상반기 서울 봄 축제 5위, 하반기 가을 축제 4위에 오르는 등 핫한 서울 축제로 우뚝 섰다.

골목상권은 주민들의 생활 터전이자 민생경제의 척도이다. 단순한 경제활동의 장소가 아니다. 이웃 간 따뜻한 정이 흐르고 오랜 추억이 있는 우리 고유의 문화와 정서가 살아 숨 쉬는 곳이다. 나는 골목상권 문전성시(門前成市)를 가장 큰 목표로 정했다. 골목상권이 웃음으로 가득할 수 있도록 지원을 아끼지 않기로 했다.

서초에는 양재천길, 서초강남역 상권을 포함해 무궁무진한 잠재력을 지닌 '12개 골목상권'이 있다. 양재동 말죽거리골목, 방배카페

골목 등 각양각색의 매력을 뽐내는 골목상권은 2024년 역대 최대인 60억 원 규모의 상권 활성화 정책으로 꾸준히 성장세를 타고 있다.

잠원동, 반포1동, 방배사당역, 청계산입구 상권도 섬세한 브랜딩으로 재단장했다. 각각 '잠원하길', '반드레길', '방배천길', '청계로와'라는 상권 브랜드를 입히고, 개성 있는 디자인 개발과 활성화 이벤트를 적극 추진했다. 잠원동 상권 '잠원하길'에서는 10월 중 금요일마다 맥주를 무제한 제공하는 '신비파티(신사역 비어파티의 줄임말)'를 열어 뜨거운 호응을 이끌었다. 또, 청계산입구 상권 '청계로와'에서는 트레킹·플리마켓·버스킹 등으로, 방배카페골목 등 방배권역에는 연말연시 빛 축제로 다양한 매력을 만들어왔다.

주민들의 말씀을 경청하고 정성을 다할 뿐인데 예상 밖 주민들의 화답으로 감동할 때가 많다. 잠원동 상가번영회장님이 전해주신 손편지에는 "잠원동 골목상권 행사에서 함께 수고하시는 모습에 가슴 찡함을 느꼈다"는 따뜻한 격려 말씀이 담겨 있었다.

서초구는 고물가, 고금리 등으로 위축된 지역경제에 온기를 불어넣고자 2025년 올해는 역대 최대 규모인 600억 원을 풀어 '골목상권 문전성시 3대 프로젝트'를 추진 중이다. 지난 연말 민생 현장을 돌며 가슴에 새긴 상인 분들의 절박한 목소리에 특단의 대책으로 응답하고자 한다. 우선 서초구 12개 골목상권에 2024년보다 36.5% 많은 77억 원을 투입해 상권 특성 맞춤형 브랜딩, 명소화, 이벤트 등을 확대 시행한다. 지역예술가와 함께 소상공인 가게의 내외부 환경개선 등을 지원하는 '서리풀 아트테리어' 사업을 서울 최대 규모인 100곳을 대상으로 추진한다. 중·소상공인에게는 60억 원의 중소기업육성기금 융자와 저신용·무담보 조건의 500억 원 초스피드 대출을 통해 자금 운용 부담을 덜어줄 것이다.

서초구가 골목상권 활성화를 위해 역점을 두는 것은 세 가지다. 첫째는 '상권별 특화 브랜딩 및 명소화' 집중이다. 양재천길 상권은 '살롱 인 양재천'이라는 콘셉트로 문화 복합 공간과 반려견 토털 서비스 등 지역 크리에이터들과 협력하여 상권 정체성을 강화하고 있다. 이에 힘입어 양재천길 상권은 2022년 서울시 로컬브랜드 상권 선정에 이어 중소벤처기업부의 '로컬브랜드 창출팀 사업'에도 선정돼 괄목할 만한 성장세를 보이고 있다. 3년 만에 유동인구 증가율 1위('21년 대비 5.7% 증가), 매출액은 15% 증가했다.

K-컬처와 강남역 케미스트릿 페스티벌

'케미스트릿' 강남역 상권은 2024년 10월, 'K-culture Mix&Match'라는 주제로 강남역 골목길에서 열린 '2024 강남역 케미스트릿 페스티벌'을 시작으로 본격 상권 브랜딩에 나섰다. 강남역 골목 한복판에서 ▲삼겹살과 맥주의 환상 페어링으로 맛보는 K-'맛' ▲힙쟁이라면 지나칠 수 없는 무소음 댄스파티로 K-'멋' ▲ '2024 서울뷰티위크' 연계한 K-'미'로 'K-맛, 멋, 미'라는 강남역만의 차별화된 로컬콘텐츠를 선보이며 글로벌 상권으로 도약하고 있다.

특히 강남역 9번 출구 환경을 개선하며 추억의 대한민국 넘버원

2024년 10월 강남역 골목길에서 열린 '2024 강남역 케미스트릿 페스티벌'. 강남역만의 차별화된 로컬 콘텐츠를 선보이며 글로벌 상권으로 도약하는 계기를 마련했다.

만남의 장소로 부활하고 있다. '강남역 뉴욕제과 앞에서 만나'로 대표되는 성별·나이를 초월한 추억의 공간을 새롭게 단장해 이목을 집중시키는 것이 목표다. 방배카페골목은 '이수 공영주차장' 명칭을 '방배카페골목 공영주차장'으로 변경하여 방문객 편의를 높이고 상권 활성화를 도모했다.

둘째는 '골목상권 맞춤형 이벤트 및 축제' 확대이다. 잠원하길의 맥주 축제, 청계산입구의 트레킹 페스티벌, 반드레길의 빛 축제 등 각 골목상권의 특색을 살린 이벤트는 구민들에게 즐거움을 선사하고, 자연스럽게 상권으로 발길을 이끌어 문전성시를 이루는 데 기여하고 있다.

셋째는 '소상공인 경영 안정 및 환경개선'을 위한 실질적인 지원이다. 고물가와 고금리로 어려움을 겪는 소상공인들을 위해 최대

5,000만 원의 '초스피드 대출'과 연 0.8%의 저금리로 최대 1억 원까지 지원하는 '중소기업육성기금 융자' 등 총 600억 원 규모의 자금지원을 추진하고 있다. 또한 지역 예술가와 소상공인을 연결해 가게 내외부 환경개선과 상품 디자인을 지원하는 '서리풀 아트테리어' 사업은 서울 최대 규모 100곳의 가게를 대상으로 진행돼 골목상권에 예술적 활력을 불어넣고 있다.

관내 기관·단체가 지역 상권을 이용할 수 있도록 '서초구 골목경제 활성화를 위한 착한소비 동행 실천 서약'도 2025년 처음으로 추진한다. 주민과 상인 모두가 상생하는 착한 경제활동 독려와 상권 활성화로 어느 골목이나 문전성시를 이루도록 하는 것이 가장 큰 목표다. 구청 내부에서도 부서별로 매칭된 골목상권을 이용하도록 유도하고, 주민들의 착한소비와 임대인·임차인 간의 합리적인 상생을 응원하는 현수막, 전광판, SNS 캠페인도 함께 진행하고 있다. '내 지갑이 서초의 경제를 살린다'는 마음으로 지역 상권 이용 문화를 확산하고 있다.

서초의 골목상권은 경제활동의 공간을 넘어서 지역공동체의 따뜻한 심장이 되었으면 하는 바람이다. 상권별로 가진 고유한 특색을 살리고, 지속적인 상권 활성화를 통해 '활력 넘치는 골목상권, 웃음꽃 피는 서초'를 향해 나아가겠다. 한숨이 아닌 웃음으로 가득한 '서초구 골목상권 전성시대'는 앞으로도 쭉 이어질 것이다.

대형마트 의무 휴일 평일로, 시대 변화에 응답하다

구청장으로 일하면서 시대 흐름에 뒤처진 낡은 규제가 주민들 편의를 저해하고, 산업 발전을 가로막는 현실을 종종 마주했다. 온라인 유통이 대세가 된 오늘날, 대형마트 규제는 실효성과 타당성에 대한 깊은 고민을 요구했다. 급변하는 유통 환경 속에서 새로운 길을 모색해야 할 때라고 생각했다.

나는 현장의 목소리를 듣고 데이터를 기반으로 한 과학적인 접근을 시도했다. 종합적으로 검토한 끝에 서울 자치구 최초로 대형마트 의무 휴업일을 평일로 전환하고, 영업시간 제한까지 대폭 완화하는 결단을 내렸다.

이는 규제 완화 차원을 넘어 유통산업 전체에 활력을 불어넣기 위한 담대한 도전이다. 그리고 주민들에겐 일상을 돌려주는 약속이다. 대형마트에겐 새벽 배송을 통한 온라인 경쟁에 참여할 수 있는 길을 열어주고, 주민에겐 '주말 쇼핑의 자유'를 되찾아주는 기회가 되기 때문이다.

낡은 규제, 시대의 변화에 발목을 잡다

2013년 제정된 유통산업발전법에 따른 대형마트 의무휴업과 영업시간 제한은 당시 전통시장과 골목상권 보호라는 명분 아래 도입되었다.

십수 년이 지난 지금, 유통 환경은 상상할 수 없을 정도로 빠르게 변화했다. 온라인 쇼핑이 전체 유통 매출의 절반을 차지하고, 대형마트의 매출 비중은 2014년 28%에서 현재 13% 정도로 크게 줄어들었다.

이러한 상황에서 오프라인 대형마트에만 강력한 영업 규제를 적용하는 것은 시대착오적이다. 오히려 소비자들의 선택권을 제한하고 유통산업 경쟁력 약화라는 결과를 초래했다.

특히 대형마트의 새벽 배송을 가로막는 영업시간 제한은 주민들의 불편을 가중시켰다. 온라인 쇼핑에 익숙해진 주민들은 대형마트의 전국적인 유통망을 활용한 새벽 배송 서비스를 원하고 있다.

그런데 낡은 규제에 발목 잡혀 그 혜택을 누리지 못하고 있다. 나는 이러한 현실을 직시하고 더 이상 기다릴 수 없다는 확신을 가졌다. 국회에서 유통산업발전법 개정안이 계류되어 있는 상황에서, 지자체장 권한 내에서 할 수 있는 조치를 내리기로 했다. 이것이 소비자들인 주민의 편의를 증진하고 유통산업의 혁신을 이끌 수 있다고 판단했다.

주민·소상공인·대형마트의 상생을 꿈꾸다

　서초구는 이러한 문제의식 아래 두 가지 핵심적인 규제 완화 조치를 시행했다. 첫째, 대형마트 의무 휴업일을 일요일에서 평일로 전환했다. 2024년 1월 28일부터 서초구 내, 4개 대형마트와 33개 준대규모점포의 의무 휴업일을 평일로 바꾸었다. 이제 주민들은 주말에도 자유롭게 대형마트를 이용할 수 있게 되었다.

　이는 주민들의 쇼핑 편의를 대폭 증진시킨 것은 물론, 주변 상권의 유동인구 증가와 매출 증대에도 긍정적인 영향을 미쳤다. 서초구 자체 설문조사 결과, 대형마트 반경 1km 이내 소상공인·점주 중 30%가 '매출 증가'를 경험했고, 55.3%는 '변화 없다'고 응답했다. 매출이 줄었다는 응답은 10%에 불과했다. 대형마트 규제 완화가 소상공인에게 일방적인 피해를 주는 게 아니라, 상생할 수 있음을 보여 주는 유의미한 결과다.

　둘째, 대형마트 영업시간 제한을 대폭 완화했다. 2024년 7월 1일부터 기존 오전 0시부터 8시까지 8시간이던 영업 제한 시간을 오전 2시부터 3시까지 1시간으로 단축했다. 이는 사실상 대형마트의 새벽 배송을 포함한 전면적인 온라인 영업을 가능하게 하는 조치이다. 이제 서초 구민들은 대형마트의 신선한 상품을 새벽에도 편리하게 받아볼 수 있게 되었다. 대형마트는 온라인 유통 시장에서 공정하게 경쟁할 수 있는 기반을 마련했다.

　물론 이러한 결정에 대해 소상공인 단체를 중심으로 우려의 목소

서초구는 주민 편의를 위해 서초강남슈퍼마켓협동조합, 한국체인스토어협회와 협약식을 맺고 대형마트 의무휴업일 평일 전환 방안을 추진했다.

리가 있다는 점을 잘 알고 있다. 규제 완화 시행에 앞서 중소 유통·대형마트 관계자와 소비자가 참여하는 유통업 상생발전 협의회를 수차례 개최하며 다양한 의견을 경청했다. 유통업계는 서초구의 규제 완화에 환영의 뜻을 표하며 다른 지자체로의 확산과 유통산업발전법 개정에 대한 기대감도 나타냈다.

반면, 한국수퍼마켓협동조합연합회 등 일부 소상공인 단체는 '동네슈퍼 상처에 소금 뿌리는 격'이라며 강하게 비판했다. 대형마트 새벽 배송 허용은 전통시장 등 골목상권의 매출 하락을 초래할 수 있다고 우려를 제기했다. 나는 이러한 우려 또한 이해하며 모두가 상생할 수 있도록 계속 살피고 후속 조치를 챙기려고 한다. 또한 대형마트의 성장과 발전이 지역경제 활성화, 일자리 창출, 소비자 만족도 향상으로 이어질 수 있도록 한층 더 관심과 노력을 기울이기로 했다. 서초구는 앞으로도 소상공인 지원 정책을 강화하고, 골목 상권 활성화를 위한 노력을 멈추지 않을 것이다.

서초발 유통 혁신

서초구가 실시한 대형마트 규제 완화는 주민(소비자)과 소상공인, 대형마트 등 3자가 모두 '윈윈윈'하는 서초형 상생모델이다. 서울 자치구는 물론 전국적으로 유통 혁신의 새로운 표준이 되고 있다. 서초구의 조치는 서울 동대문구·중구·관악구, 부산광역시, 경기도 의정부시 등 다른 지자체로 이어지고 있다. 이는 시대 변화에 발맞춘 규제 개선의 필요성에 대한 공감대가 형성되고 있음을 보여 주는 것이다.

지금은 글로벌 온·오프라인 무한 경쟁 시대다. 과거 단편적 구도의 휴업일 규제는 현실과 맞지 않다. 나는 이번 대형마트 규제 완화가 유통업계의 성장을 넘어, 주민들의 삶을 더욱 풍요롭고 편리하게 만드는 중요한 발걸음이라고 믿는다. 앞으로도 현장의 목소리에 더 귀 기울이고, 데이터를 기반으로 한 과학 행정으로 주민 모두가 행복한 서초를 만들어 나갈 것이다. 규제 완화는 소비자 편의 증진과 유통산업의 발전을 함께 도모하려는 서초구의 노력을 보여 주는 사례이다. 동시에 소상공인 보호와의 균형점을 찾아야 하는 과제도 안고 있다.

기고문

대형마트 쉬는 날 평일로 바뀌기까지…

아내와 이마트 양재점을 자주 이용하는 필자는 주말에 장 보러 갈 때 마트가 쉬는 날인지 아닌지 체크하는 것이 습관이 됐다. 몇 차례 일요일에 나섰다가 마트가 문을 닫아 발길을 돌렸기 때문이다.

지난 크리스마스이브도 일요일이었는데 마트가 문을 닫는 통에 주민들의 불편이 이만저만이 아니었다. "아이들 선물과 케이크는 어떻게 하느냐"는 부모들의 인터뷰가 여러 방송 뉴스에서 보도됐다. 소비자와 마트 모두 주말 영업을 바라는 마음은 매한가지였지만 불가능했다. 11년 전 만들어진 '낡은 규제' 때문이었다.

서초구는 최근 대형마트 의무휴업일을 둘째·넷째 일요일에서 월 또는 수요일로 변경했다. 서울 자치구에서는 처음으로 추진했는데, 이를 위해서는 골목상권의 중소슈퍼 소상공인들의 합의가 반드시 필요했다.

구는 지난해 9~12월 4개월간 서초강남슈퍼마켓협동조합, 한국체인스토어협회 측 인사들과 수시로 만났다. 공식적으로만 8번, 비공식적으로는 수십 차례 만나 양측의 이야기를 들었다. 쉽지 않은 논의와 설득의 시간이었다.

중소슈퍼가 가장 가려운 부분은 가격경쟁력이었다. 아무래도 대형유통에 뒤처질 수밖에 없는데, 이 애로점을 대형마트 측에서 통 크게 받았다. 마트 측은 자신들의 유통망을 중소슈퍼와 공유할 것을 약속했다. 즉 대형마트의 값싸고 품질 좋은 상품을 지역 중소슈퍼에 공급하기로 한 것이다.

실질적인 '골목 경쟁력'을 높이도록 돕는 것이다. 또 중소슈퍼가 요청할 시 기업형슈퍼마켓SSM으로의 전환도 적극 지원하기로 했다. 양측이 서로 양보하고 또 절실했던 부분을 나누어 해법을 찾은 것이다. 바로 이것이다. 서초형 상생모델. 결국 주민(소비자)과 소상공인, 대형마트 전부 '윈윈윈'이 되는 것이다.

우리 서초에도 11개 골목상권이 있다. 방배 카페골목, 방배역 먹자골목, 방배천길 상권, 잠원동 간장게장 골목, 반포1동 상권, 서초역 상권, 서초강남역 상권, 말죽거리 상권, 양재천길 상권, 염곡 사거리 상권, 청계산 상권…. 이곳들에서 생길 앞으로의 변화가 매우 기대되고 있다.

이제 중요한 것은 신뢰와 지속성이다. 구는 매월 한 번씩 후속 논의를 갖고 이번 상생 협력 합의 이행을 꼼꼼히 챙기며 필요한 지원을 해 나갈 계획이다. 여러 번의 무산 위기 속에서도 열린 마음으로 협조해 주신 대형마트 그리고 소상공인 여러분 모두에게 진심으로 감사를 드린다.

최근에 무척 반가운 소식이 동대문구에서 날아왔다. 동대문구에서도 마트가 일요일에 문을 열기로 한 것이다. 그 외 여러 자치구에서도 변화의 소식이 들리고 있다. 동대문구는 특히 큰 전통시장이 많아 합의 과정이 매우 어려웠을 것이다. 이필형 구청장님께 정말 수고 많으셨고 잘하셨다고 박수를 보내드린다. 자, 이제 주말에 달력 보지 말고 편하게 장 좀 봅시다!

(서울신문, 2024.1.3.)

기고문

서초구 대형마트 의무휴업 전환, 두 달이 가져온 변화

서초구가 1월 서울 자치구 중 처음으로 대형마트 의무휴업일을 일요일(2,4주)에서 평일로 변경하고 두달이 지났다. 그 사이 현장에는 어떤 변화가 있었을까? 가장 관심이 가는 부분은 아무래도 마트 주변 골목상권 소상공인의 매출이다. 서울에서 처음으로 시작한 만큼 유의미한 변화가 나타나고 있는지 혹여 매출이 떨어지는 것인지 초장부터 꼼꼼히 체크할 필요가 있었다. 골목상권 현장의 목소리를 듣고 보완할 점이 있다면 빠르게 정책에 반영해야 한다.

의무휴업일 변경 골목상권에 긍정적 영향 : 의무휴업일을 평일로 변경한 관내 대형마트 3곳(이마트 양재점, 롯데마트 서초점, 킴스클럽 강남점) 주변 골목상권 소상공인·점주 100여명을 대상으로 인식과 매출 변화 등을 설문 조사하는 중이다. 중간 분석 결과 시행 두달을 갓 넘긴 시점임에도 대형마트 의무휴업일 변경이 인근 골목상권에 긍정적 영향을 주고 있는 것으로 나타났다. 응답한 소상공인 중 80% 이상이 매출이 전과 동일하거나 오히려 늘어났다고 답했다. 또한 유동인구가 이전보다 늘었다는 답변도 의미 있는 수치로 나타났으며 마트 의무휴업일 전환에 대해 긍정적으로 보는 답변도 상당했다. 서초3동의 한 편의점주는

"일요일은 가족외식이 많아 오히려 편의점 손님이 감소하는데, 이젠 마트가 문을 열어서 일요일에도 직장인 주부 등 고객수가 증가했다"고 말했다. 양재동 말죽거리의 한 상인은 "대형마트가 일요일에 문을 여는 게 지역 소상공인들에게 조금이라도 도움이 되는 것 같다. 규제보다는 지원을 통해 상생하는 게 맞다"고 반응했다. 대형마트가 일요일 영업을 하면 오히려 유동 인구가 증가해 주변 상권의 매출도 늘어나는 집객 효과가 서울에서도 서서히 나타나는 것이다. 지난해 4개월 동안 수십차례 대형마트와 중소슈퍼 측을 만나 중재하고 설득한 노력이 조금씩 결과로 나타나는 것 같아 매우 감사하고 보람을 느낀다.

대형마트 측 또한 긍정적으로 평가하고 있다. 관내 한 대형마트는 의무휴업 평일전환 이후 방문객 및 객당 구매금액이 10%가까이 증가했다고 말했다. 또한 서초 구민뿐 아니라 인근 시구에서 방문하는 손님들도 많이 보인다고 한다. 그 야말로 소비자-중소상인-대형마트 모두에게 '윈-윈-윈'이 되어가는 모습이다.

'**서초형 상생모델**'로 윈윈효과 기대 : 이번 설문조사 작업이 좀 더 구체화 되면 외부에도 공개할 계획이다. 기간이 좀 더 쌓이면 전문 리서치기관을 통해 주변상권 영향과 만족도 등을 분석·조사해 객관적 데이터를 확보할 것이다. 서초구는 이번 정책과 연계해 '서초형 상생모델'을 가동하고 있다. 대형마트의 가격경쟁력과 좋은 품질, 마케팅 역량 등을 중소슈퍼와 공유하며 골목상권 활성화·경쟁력을 강화하는 것이다. 이에 따른 '대형마트 유통망 공유사업'도 모든 준비를 마치고 5월부터 추진한다. 현재 서울에서는 서초구 동대문구 두 자치구에서만 마트가 일요일 문을 연다. 동대문구는 큰 전통시장이 많아 정책 여건이 더 어려웠을 텐데 이필형 동대문구청장에게 힘찬 박수를 보내드린다. 지금은 글로벌 온·오프라인 무한 경쟁 시대다. 과거 단편적 구도의 휴업일 규제는 현실과 맞지 않다. 서초구와 동대문구 성공사례가 서울과 전국에 확산돼 지역경제 활성화에 이바지되도록, 그래서 모두가 '윈-윈-윈' 할 수 있도록 계속 살피고 후속 조치를 챙기겠다.

(내일신문, 2024.4.3.)

엄정한 행정대집행으로
구민 일상을 지키다

나는 주민들 삶의 질 향상과 안전하고 쾌적한 도시 환경 조성을 통한 도시경쟁력 강화를 구정 운영의 최우선 가치로 삼고 있다. 그 과정에서 때로는 어렵고, 때로는 논란의 여지가 있을 수 있는 문제에 직면하기도 한다. '행정대집행'이 그러한 경우다.

행정대집행은 단순히 불법 시설물을 철거하는 강제적인 조치가 아니다. 오랜 시간 방치돼 주민들에게 불편과 피해를 주었던 불법 행위를 바로잡고, 공공의 이익과 법치주의 확립을 위한 불가피하고도 중요한 행정 행위이다. 나는 이를 '준법 서초 실현'이라고 부른다. 행정대집행을 단행할 때는 언제나 원칙과 상식, 공정을 첫째 기준으로 삼아왔다.

우리 서초구는 그동안 도심 곳곳에 만연했던 불법 무단 점유 시설물과 시위 현장의 불법 설치물로 인해 많은 주민이 불편을 겪어왔다. 특히 서초2동 용허리근린공원 인근 시유지(체비지)를 20여 년간 무단으로 점유하고 불법 영업을 해온 재활용센터와 고물상이 대표적인 사례이다. 이곳은 불법 무단 점유시설로 인한 쓰레기, 악취, 안전사고 위험 등으로 주민들이 장기간 불편을 호소해 왔고, 수십억 원에 달하는 변상금도 체납하는 등 심각한 문제였다.

또한 강남역 인근의 삼성전자 시위 현장의 버스주차, 양재동 현대·기아자동차 본사 앞 노조 천막 등 각종 불법 시위 설치물 역시 오랜 기간 도시 미관을 해치고 주민들 통행에 불편을 주었다. 심지어 비방과 욕설이 난무하는 현수막으로 인해 아이들의 눈을 가리고 싶을 정도라는 민원이 끊이지 않았다. 이러한 불법적 행위들은 과거 여러 차례 해결을 시도했지만, 이해관계자들의 반발과 민원 발생 우려로 인해 방치된 장기 미해결 난제였다.

원칙과 상식으로 불법에 맞서다

나는 더 이상 불법을 방치할 수 없다고 판단하고 엄정하게 대응하기로 했다. 공직자는 주민을 위해 존재하는 공복이다. 주민들에게 불편을 주는 불법 무단 점유에 대해선 법과 원칙에 따라 처리하는 것이 구청장의 책무라고 생각했다. 나는 구청장으로 취임한 이후, 다음과 같은 행정대집행을 단행했다.

2024년 3월, 서울시 재산인 서초동 1323-9번지 일대를 20여 년간 무단으로 점유, 불법 영업 중인 재활용센터와 고물상의 폐가전·가설 적치물 등에 행정대집행을 완료했다. 고물상은 2000년부터, 재활용센터는 위탁계약이 종료된 2009년부터 불법 점유로 인해 인근 주민들에게 불편을 끼쳤다.

서초구는 법적·행정적 조치를 취하며 문제 해결을 위해 부단히 노력해왔다. 재활용센터와 고물상에 수차례의 면담과 공문서 송달을 통해 원상복구 및 이전 명령을 내렸다. 서울시와 대부계약 없이 체비지를 점유해 사용하고 있어 매년 변상금을 부과했는데 체납된 변상금은 약 88억 원에 달했다. 그럼에도 자진 철거가 이행되지 않자, 주민 피해를 막고 엄정한 법질서를 확립하기 위해 행정대집행이란 단호한 조치를 취했다. 약 140톤의 폐기물과 200여 개의 폐가구, 5톤의 폐고철 등 불법 적치물을 철거했다. 발생한 비용 약 3,500만 원은 점유자에게 청구했다. 이제 이 공간은 거주자우선주차장으로 조성되어 주민들의 주차난 해소에 도움을 주고 있다.

강남역 일대와 양재동 등 대로변에 난립해 도시 미관을 해치고 주민들에게 불편을 주던 불법 시위 현수막과 천막에 대해서도 엄정하게 대응했다. 구청, 법원, 검찰, 경찰 실무협의체를 전국 최초로 구성하여 '꼼수 집회'를 막고, 국민의 정당한 표현의 권리는 보호하되 불법 행위에 대해서는 단호히 대처한다는 원칙을 세웠다. 수년간 해결되지 않던 불법 현수막과 천막을 설득과 협의를 통해 철거하는 쾌거를 이뤘었다.

이러한 행정대집행 과정은 쉽지 않았다. 민원 발생과 반발이 예상되는 업무였기에, 사실상 공무원으로서 기피하거나 미루는 것이 다반사였다. 그러나 나는 주민의 안전과 행복, 삶의 질 향상을 위해 원칙과 상식에 기반한 행정에 최선을 다해야 한다는 신념으로 불법과는 타협하지 않는 뚝심 행정을 펼쳤다.

약속은 지켜져야 한다

오래전 법대생 시절 마음에 품은 라틴어 법언이 있다. '팍타 순트 세르반다pacta sunt servanda', 약속은 지켜져야 한다는 뜻이다. 민법과 국제법의 대원칙이다. 누구도 이의를 제기할 수 없는 이 당연한 원칙이 잘 지켜지지 않는 것이 오늘의 현실이다.

행정대집행은 단순히 불법을 제거하는 것을 넘어, 약속을 지키는 것이라고 생각한다. 나는 구청장으로 취임하면서 주민들에게 약속했다. 쾌적하고 안전한 환경을 되돌려주겠다고, 법치주의가 살아 숨 쉬는 건강한 도시를 만들겠다고 한 그 약속을 지켰다.

서초동 일대 주민들이 행정대집행이 완료된 후, "쾌적한 도심에 쓰레기가 가득 쌓였다는 것이 눈엣가시처럼 불편했는데, 어느 날 깨끗이 치워져서 기분마저 시원해졌다"며 크게 반겼다고 한다. 구청장으로서 큰 보람을 느꼈다. 또한 앞으로 구정을 이끌어가는 데도 큰 힘이 된다. 서초구는 주민들에게 불편을 주는 불법적인 행위에 대해서는 법과 원칙에 따라 엄정하게 처리할 것이다. 또한 깨끗하고 안전한 체비지 관리 등으로 주민들을 위한 공간 활용에도 최선을 다하고 있다. 불법과는 타협 없는 원칙 행정으로 주민 모두가 평온하고 행복한 일상을 누릴 수 있는 도시. 내가 그려보는 '준법 도시 서초'의 모습이다.

기고문

난립한 불법 현수막, 이렇게 철거했다

朝鮮日報

난립한 불법 현수막, 이렇게 철거했다

기고

전성수
서울 서초구청장

대입 수학능력시험이 보름 앞으로 다가왔다. 고3 시절을 떠올려본다. 마음이 흔들릴 때 독서하며 평정심을 찾던 나는 습관처럼 책을 한 권 꺼내 들었다. 그리스 신화에 관한 책이었다. 한 손에는 저울을, 다른 손에 쓰인 현수막들을 치워달라는 민원이 들어왔다. 아이의 손을 잡고 거리를 걸어가던 엄마가 섬뜩한 현수막을 보고 아이의 눈을 가리고 싶었다고 했다. 나는 주민들의 눈살을 찌푸리게 하는 불법 현수막을 철거하기로 약속했다.
먼저, 대로변에 무분별하게 설치되어 도시 미관을 해치고 불편을 주는 불법 집회·시위 현수막을 전수조사했다. 유동 인구가 많고 기업이 밀집한 강남역과 현대자동차 본사 앞, 그리고 대법원 주변에 현 거를 찾아 나선 끝에 '집회·시위자 없이 현수막만 걸려 있는 경우' 철거가 가능하다는 변호사의 법률 자문을 거쳤다. 이를 바탕으로 '시위 현수막 일제 정비 방안'을 마련하고 소매를 걷어붙였다. 경찰에 집회 신고를 하고 현장에는 꼼수 시위자와의 숨바꼭질이 시작됐다.
강남역 사거리 불법 현수막 정비를 위해 강남구, 서초경찰서와 함께 합동 작전을 펼쳤다. 행정대집행을 위한 사전 절차를 진행하며 자진철거 설득도 병행하는

대입 수학능력시험이 보름 앞으로 다가왔다. 고3 시절을 떠올려본다. 마음이 흔들릴 때 독서하며 평정심을 찾던 나는 습관처럼 책을 한 권 꺼내 들었다. 그리스 신화에 관한 책이었다. 한 손에는 저울을, 다른 한 손에는 칼을 들고 있는 정의의 여신 디케에게 매료돼 법대를 생각했다.

구청장이 되고 나서 지켜야 할 약속이 많아졌다. 주민 건의를 반영하고 불편 사항은 빨리 개선하는 내용들이다. 때론 약속이 바로 이행되기도 하고, 수년의 시간이 소요되기도 한다. 2년 만에 결실을 맺고 약속을 지켜낸 일이 최근 있었다. 강남역 사거리에 '누구를 수사하라' '누구를 구속하라' 등 특정인 비방이 가득 쓰인 현수막들을 치워달라는 민원이 들어왔다. 아이의 손을 잡고 거리를 걸어가던 엄마가 섬뜩한 현수막을 보고 아이의 눈을 가리고 싶었다고 했다. 나는 주민들의 눈살을 찌푸리게 하는 불법 현수막을 철거하기로 약속했다. 먼저, 대로변에 무분별하게 설치되어 도시 미관을 해치고 불편을 주는 불법 집회·시위 현수막을 전수조사했다. 유동 인구가 많고 기업이 밀집한 강남역과 현대자동차 본사 앞, 그리고 대법원 주변에 현수막이 난립해 공적 영역이 불법으로 잠식되고 있었다.

그러나 경찰에 집회 신고된 광고물은 옥외광고물법 8조의 적용 배제(구청에 허가나 신고 없이 표시·설치 가능) 대상으로 분류돼 정비 대상에서 제외돼 있다. 그래서 민원이 빗발치는데도 구청에서 철거할 수 없어 골머리를 앓았다. 우선, 시위자에게 현수막을 자진 철거하도록 꾸준히 설득을 이어가는 동시에, 단속 근거를 찾아 나선 끝에 '집회·시위자 없이 현수막만 걸려 있는 경우' 철거가 가능하다는 변호사의 법률 자문을 거쳤다. 이를 바탕으로 '시위 현수막 일제 정비 방안'을 마련하고 소매를 걷어붙였다. 경찰에 집회 신고를 하고 현장에는 없는 꼼수 시위자와의 숨바꼭질이 시작됐다.

강남역 사거리 불법 현수막 정비를 위해 강남구, 서초경찰서와 함께 합동 작전을 펼쳤다. 행정대집행을 위한 사전 절차를 진행하며 자진철거 설득도 병행하는 노력 끝에 지난 9월 14일 강남역 8번 출구와 1번 출구 쪽 불법 현수막 20여 개와 천막 1개소를 마침내 철거하게 됐다. 힘겹지만 준법 여정에 함께해 준 강남구와 서초경찰서에 감사하고, 긴 시간 기다려준 주민들에게도 감사드린다.

이에 앞서 지난 8월 대법원 정문 주변 불법 현수막 50여 개와 지난해 6월 현대차 앞 현수막 등 불법 광고물 43개도 행정대집행으로 철거했다. 불법 현수막은 작년 서울에서 수거된 양만 21만장이 넘는 도로의 교통안전을 방해하는 골칫거리다. 서초구는 전국 최초로 광고물 정비를 위해 구청과 유관기관(법원·검찰·경찰) 4자 간 실무협의체를 구성해 정당한 표현의 권리는 보호하되, 꼼수 집회를 막고 불법 행위에 대해서는 엄정 대응하려고 한다. 대형 천막과 명예훼손 표현이 담긴 현수막은 집회·신고 접수 시 경찰 심사과정에서 제한할 수 있도록 하는 '집회 및 시위에 관한 법률' 개정도 필요한 시점이다.

'팍타 순트 세르반다'. 오래전 법대생 시절 마음에 품은 '약속은 지켜져야 한다'는 뜻의 라틴어 법언을 되새기며, 오늘도 구청장으로서 약속을 지키기 위해 한 걸음을 내디딘다. 다시 아이들의 밝은 웃음소리와 기업의 활발한 비즈니스가 거리에 채워져 역동적인 도시로 뻗어나가는 그 길에 주민과의 약속이 커다란 동력이 되어줄 것이다.

(조선일보, 2024.10.29.)

기초지자체 최초
옴부즈만 사무국 구성

공직자에게 민원 해결은 언제나 어려우면서 매우 중요한 업무 중 하나다. 늘 고민하고 곱씹어보고 정진해야 하는 분야가 민원이다. 서초구청장으로 취임하면서 '찾아가는 전성 수다', '구쫌만(구청장 쫌 만납시다)', '성수씨의 직통전화', 'OK민원센터 업그레이드' 등에 이어 '옴부즈만'을 도입해 총 5개의 민원 통로를 마련했다.

내가 서초구에 옴부즈만 제도를 도입한 이유는 두 가지다. 첫째는 주민과 원활하게 소통할 수 있는 '민원 통로'를 확충하는 것이고, 둘째는 적극적으로 구민의 권리를 보호하기 위해서였다. 민원 해결 통로는 많으면 많을수록 주민들에게 이롭다는 평소의 지론을 실천한 것이다.

옴부즈만 제도의 핵심은 독립성과 공정성 확보에 있다고 할 수 있다. 제도 도입 과정에서 관련 법령에 규정된 직무상 독립성 보장, 신분보장, 결격사유, 겸직금지, 제척·기피·회피, 비밀유지의무, 운영지원 등을 '서울특별시 서초구 옴부즈만 구성 및 운영에 관한 조례'에 명시한 것도 그 때문이다.

옴부즈만 도입에 앞서 2022년 8월, '서초구 옴부즈만 구성 및 운영에 관한 조례'를 제정했다. 공개모집 절차를 거쳐 3명의 옴부즈만을 위촉한 후, 서초문화예술회관 내에 '서초구 옴부즈만 사무국'을 열고 2023년 2월 본격 운영을 시작했다.

우리동네 고충민원 해결사

나는 기초지자체 최초로 옴부즈만 사무국을 독립적으로 구성했다. 옴부즈만이 독립적이고 실질적으로 활동할 수 있도록 하려면 이를 지원하고 뒷받침하는 사무국을 소홀히 할 수 없었다. 또 국제기구와의 협력으로 옴부즈만 내실을 다져 나가기 위해 세계옴부즈만협회[10]에 회원 신청을 했다. 2024년 국내에서 기초지자체 중에서는 최초로, 대한민국에서는 8번째로 세계옴부즈만협회[10] 회원으로 승인을 받았다.

옴부즈만은 고충민원을 제기하는 주민을 위해 일하는 사람이다. 서초구 옴부즈만을 한마디로 정의하면 '우리동네 고충민원 해결사'라고 할 수 있다. 또한 공무원 입장에서 보면 '적극행정 도우미'인 셈이다. 공무원이 공익을 위해 창의성과 전문성을 바탕으로 적극적으로 업무를 처리하는 행위, 즉 적극행정을 펼치도록 지원하는 임무를 수행한다. 옴부즈만은 '행정' 편의가 아닌 '주민' 편의를 도모하는 역할이다.

서초구는 옴부즈만을 도입한 지 만 2년째 되는 날인 2025년 2월 27일, 국민권익위원회 주관 민원·옴부즈만 분야 최우수 기관으로 선정되어 국민권익위원장 단체 표창을 수상했다. 출범 2년 만에 구민의 권익 구제와 옴부즈만 제도 정착에 기여한 공로를 인정 받았다. 공평무사하게 임무에 임하는 옴부즈만, 사무국 직원을 포함하여 구청 관계자 등 모두가 함께 이룬 성과이자 보람이 아닐 수 없다.

지난 2년간 주민들의 수많은 고충 민원에 귀를 기울여 왔고, 법률간 충돌 민원 및 장기 미해결 민원 등 복잡한 문제들을 해결하는 등 총 280여 건의 민원을 처리했다. 그중 대표적인 민원 처리로 '청년 서초 건강검진'의 대상인 '청년'의 나이 기준과 관련된 문제다. 청년기본법에 따르면 청년은 19세 이상 34세 이하로 규정하고 있다. 서초구 청년 기본 조례에 따르면 '청년'이란 주민등록상 서울특별시 서초구에 거주하는 19세 이상 39세 이하의 사람을 말한다.

법령에 따라 청년의 나이가 달라져 기존 시행 중인 '청년 서초 건강검진'의 경우는 청년기본법에 따라 만 19세~만 34세의 청년을 대상으로 했다. 구민의 권익 강화와 건강검진의 수혜자 확대를 위해 옴부즈만에서는 기존 만 34세까지였던 연령 제한을 서초구 청년 기본 조례에 따라 만 39세까지 확대하자고 건의했다. 협의 끝에 해당 내용이 수용돼 즉시 시행됨에 따라 구민들은 만 39세까지 '청년 서초 건강검진' 혜택을 받고 있다.

또 하나는 초등학생들이 사회 수업 시간에 '지역문제와 주민참여'

라는 단원을 공부하면서 제기한 '놀이시설 신설'에 대한 문제였다. 양재근린공원 놀이터가 새롭게 단장되었는데, 이전과 비교하면 놀이시설이 유아용으로 바뀌어 놀 수 있는 놀이시설이 없다는 아쉬움을 토로했다. 옴부즈만은 즉시 현장을 조사해 기존 놀이터 시설이 새단장 후, 유아용 놀이시설로 변경됐음을 확인했다.

게다가 인근 초등학교 운동장에도 놀이시설이 없는 점을 고려, 공원 내에 대체부지를 물색하여 어린이 놀이시설을 조속히 신설하는 게 바람직하다고 건의했다. 당초 담당 부서는 놀이터 재정비를 할 때, 주민 의견을 반영해 놀이시설 정비를 하겠다고 검토했다가 옴부즈만의 제안을 받아들여 2025년 상반기에 어린이 놀이시설 정비를 신속히 완료했다.

이뿐 아니라 농지법과 산지법의 대립으로 어려움을 겪는 민원인을 위해 법률간 충돌에 대해 이해시키고 설득한 후 국가권익위에 제도개선을 건의하기도 했다. 이러한 노력을 인정받아 서초구는 행정안전부 주관 '2023년 민원서비스 종합평가 고충민원 처리분야'에서 최고등급인 '가' 등급을 달성했다.

출범한 지 2년여밖에 되지 않았지만 서초구 옴부즈만은 성공적인 연착륙을 하고 있다는 생각이 들었다. 구민의 고충 해결과 권익 증진을 위해 옴부즈만들이 노력한 결과라고 본다. 앞으로 주민을 찾아가는 현장 중심의 옴부즈만 활성화로 주민 권익 보호에 더욱 앞장서겠다. 주민들이 행복하고 편안한 일상에 보탬이 되도록 옴부즈만 제도 확산을 위해 행정력을 집중해 가겠다.

03

행복의 선순환,
나눔 행정

생활 속 선한 영향력,
착한 서초코인

서초구는 4차 산업혁명 시대의 첨단 기술을 행정과 복지에 접목해 '따뜻한 스마트 도시'를 지향하고 있다. '선한 가치'가 넘쳐나고 그 선한 영향력이 끊임없이 선순환하는 도시가 내가 희망하는 서초의 미래 모습이다. 이 꿈을 현실로 실현하기 위한 제도가 따뜻한 스마트 도시 서초를 상징하는 '착한 서초코인'이다.

서초코인은 블록체인 기술을 기반으로 탄소중립 실천, 사회적 약자 보호, 자원봉사 등 선한 활동을 할 때마다 받는 '착한 포인트'이다. 주민의 작은 선행과 노력이 코인이라는 가시적인 보상으로 돌아오고, 그 코인이 다시 지역사회와 소상공인에게 활력을 불어넣는 '선한 영향력의 선순환'을 만들어내는 시스템이다. '착한 서초코인 앱'을 통해 코인을 적립하고 사용할 수 있는데 사회적 가치의 선순환을 유도한다는 점에서 획기적이라고 자부한다.

2022년 초부터 운영한 서초코인 앱은 그간 시스템 고도화 등을 거쳤다. 2025년 현재 가입자는 1만여 명인데 '서울페이' 등 외부 시스템을 비롯한 공영주차장 이용료 결제 등 공공시설과 연계를 강화해 생활 밀착형 서비스로 자리매김하고 있다. 적립된 착한 서초코인은 14배로 증가했고, 민선 8기 임기 내 41만 서초 인구의 10%에 해당하는 4만여 명 가입을 목표로 하고 있다.

선행이 코인이 되고, 코인이 다시 선행으로

서초코인은 어르신들의 건강 증진과 지역사회 참여를 독려하기 위한 아이디어에서 출발했다. 어르신들이 건강 활동에 참여하거나 지역사회 봉사를 하면 코인을 적립하는 방식이었다. 이 작은 씨앗이 가진 무한한 가능성이 보였다.

우리 사회가 직면한 기후 변화, 복지 사각지대, 이웃과의 단절 등 당면한 문제를 주민들의 자발적인 참여와 선한 활동을 통해 해결할 수 있을 것 같다는 생각이 퍼뜩 들었다. 2023년 7월, 서초구 조례를 전면 개정하고, '착한 서초코인' 사업을 어르신 대상에서 전 주민에게 확대 시행하기로 했다. 블록체인 기술을 접목, 투명하고 공정하게 선한 가치를 기록하고 보상하는 시스템을 구축했다. 서초 구민뿐만 아니라 서초구 소재 사업장 종사자라면 누구나 '착한 서초코인' 앱을 통해 선한 여정에 동참할 수 있도록 했다.

착한 서초코인은 생활 속의 다양한 선한 활동에 보상을 제공한다. 가장 대표적인 활동은 '탄소중립' 실천이다. 주민들이 재활용이

재활용이 가능한 아이스팩, 투명 페트병, 종이 쇼핑백, 옷걸이 등을 '탄소제로샵'으로 가져오면 코인을 적립해 준다. 장난감 기부를 통해 서초코인을 적립하는 주민의 모습.

가능한 아이스팩, 투명 페트병, 종이 쇼핑백, 옷걸이 등을 '탄소제로샵'으로 가져오면 코인을 적립해 준다. 현재 서초구 내 약 500여 개의 카페, 세탁소, 정육점 등이 탄소제로샵으로 지정돼 있다. 주민과 상점주 모두 코인을 적립하며 환경 보호에 동참하고 있다.

둘째는 이웃 사랑 실천이다. 복지 사각지대에 놓인 취약계층을 찾아가 보호하거나, 재능기부를 통해 이웃 나눔을 실천하는 자원봉사활동을 해도 코인이 적립된다. 주변의 어려운 이웃에게 따뜻한 손길을 내밀고, 공동체 의식을 강화하는 데 크게 기여하고 있다.

셋째는 일상 속 작은 선행이다. '오늘의 퀴즈', '룰렛', '출석 체크', '만보기' 등 앱 내의 다양한 참여 활동을 통해서도 코인을 적립할 수 있다. 주민들이 일상에서 쉽고 재미있게 선한 활동에 동참할 수 있도록 독려하고 있다.

이렇게 적립된 '착한 서초코인'은 1코인당 100원의 가치로 다양한 곳에서 현금처럼 사용할 수 있다. 서울페이 가맹점 1만 2,000여 곳(음식점, 카페, 병원 등 업종 제한 없음)에서 서초코인을 유용하게 사용할 수 있다. 또한 자치회관 강좌 수강료, 노인종합복지관 시설 이용료 등으로도 사용할 수 있고, 사회복지공동모금회 등에 기부하여 또 다른 선행으로 이어지게 할 수도 있다.

착한 스마트 도시 서초

착한 서초코인 사업은 주민들의 적극적인 참여 속에 빠르게 성장하고 있다. 2022년 초 시범 운영을 시작한 이래, 현재 가입자 수가 1만 명을 돌파하며 서초 주민의 필수 앱으로 자리잡았다. 이러한 성과는 2024년 전국 기초단체장 매니페스토 우수사례 경진대회에서 '최우수상'을 수상하는 영예로 이어졌다. 착한 서초코인이 사회적 가치를 창출하는 혁신적인 모델임을 공식적으로 인정받은 셈이다.

나는 착한 서초코인이 서초를 '문화예술의 도시', '살기 좋은 도시'를 넘어서 '선한 스마트 도시'로 만드는 데 결정적인 역할을 할 것으로 확신한다. '착한 서초코인의 날'도 확대 운영할 계획으로 있다. 기업, 학교와의 연계를 강화해 각종 문화 공연에서 신규 회원 가입 이벤트를 진행하는 등 실질적인 혜택을 주는 다양한 홍보 활동으로 서초코인 앱을 더욱 활성화해 가겠다. 구민의 작은 선행이 모여 태산과 같은 변화를 만들어내는 착한 서초코인. 코인 하나하나에 담긴 따뜻한 마음들이 모여 우리 서초를 더욱 살기 좋고, 더욱 자랑스러운 공동체로 만들어 갈 것으로 믿는다. 구민의 지속적인 관심과 참여 속에 서초는 선한 영향력이 넘쳐나는 행복하고 착한 스마트 도시가 될 것이다.

기고문

선한 영향력 '서초코인'

착한 사람의 전성시대가 올 것 같은 예감? 이 시대 화두는 여러 개 있지만 딱 하나를 꼽는다면 나는 '착함'으로 꼽고 싶다. 여기서 착함은 말 그대로 '선(善)'을 뜻한다.

세계적인 케이팝 그룹 방탄소년단은 '선한 영향력'을 발휘하며 전 세계인들에게 감동을 줬다. 가게 사장이 감동적인 선행을 한 소식이 전해지면 바로 '돈쭐'(돈으로 혼쭐)을 내는 소비 보상 현상도 나타나고 있다. 세상의 가치가 달라지고 있다. 이제 착한 연예인이 더 인기가 있고, 착한 기업이 더 돈을 많이 번다. 앞으로 마주하게 될 시대는 더욱더 선의 가치가 중요해질 것이다.

서초구에는 선한 영향력을 펼치는 '착한 코인'이 있다. 서초코인은 블록체인 기술을 활용해 환경·복지·나눔문화 등 다양한 분야에서 선한 가치를 주고받으며 쌓는 '착한 포인트'다. 구민들이 선하고 유익한 활동을 할 때마다 적립할 수 있고, 이렇게 적립한 코인은 지역 내 좋은 가치를 얻을 때 사용한다. 이를 위해 서초구는 지난달 조례를 개정해 기존 만 60세 이상에서 모든 연령대로 사용 대상을 넓혔다.

서초코인이 쓰이는 대표적인 사업으로는 탄소중립 활동인 '서초 탄소 제로샵'을 꼽을 수 있다. 주민이 재사용이 가능한 옷걸이·비닐봉투·쇼핑백·아이스팩·커피 트레이 등 5개 품목을 지역 내 300곳의 탄소제로샵 참여 가게에 전달하면 상점주는 그 물품들을 재사용한다. 이럴 경우 참여 주민과 상점주에게 코인을 적립해 준다. 참여 가게들은 비용이 절감돼 좋고 주민은 환경 활동으로 기분도 좋고 코인도 얻어 더 좋다. 지난해 회수된 물품이 14만 2,000여개나 된다. 이를 탄소 배출량으로 환산하면 이산화탄소 약 2만㎏을 감축한 효과와 같다. 또 투명페트병 재활용 활동에도 적립할 수 있다.

어려운 이웃을 찾아내는 복지 활동에도 코인을 적립받는다. 서초에는 구석구석 누비며 어려운 이웃을 발굴하는 1,300여명의 '서초누비단'이 있다. 이들이 동네 곳곳을 다니며 도움이 필요한 이웃을 발굴해 복지 대상자로 연계하면 구에서 코인을 적립해 준다. 이 외에도 전문직 은퇴자·경력 단절자의 재능기부, 자원봉사활동 등에도 적용된다.

이렇게 서초코인을 모은 구민들은 이것을 강좌 수강이나 시설 이용, 기부활동 등에 사용한다. 코인이 조금씩 적립되는 것을 보며 구민들은 각자가 환경지킴이 주체가 되고, 이웃에 봉사한다는 자부심과 보람을 느끼며, 그런 '선함'은 다시 순환되고 또 확산된다. 이것이 서초구의 '선한 영향력' 시스템이다.

이제 공공의 영역에서도 '착한 가치'의 소비문화가 더욱더 중요해졌다. 선한 가치가 자연스럽게 선순환될 수 있게 시스템을 조성하고 동기부여를 지속적으로 해 나가는 것, 그것이 이 시대 지방정부가 담당할 중요 역할이 아닐까 한다. 서초코인의 선한 영향력이 미래 세대의 삶에 희망이 되길 바라 본다.

(서울신문, 2023.06.28.)

주민 모두 행복한
양성평등 서초를 향해

서초구는 양성평등에 대한 정책적 기반이 탄탄하다. 구정 전반에 성인지 관점을 도입해 성별의 차이가 차별되지 않는 양성평등 문화가 탄탄히 뿌리를 내리고 있다. 2016년 여성가족부 주관 '여성친화도시 1단계' 지정을 받은 데 이어 2021년 2단계 재지정에 성공하며 2026년까지 자격을 유지하게 된다. 2023년 평가에서도 서초구는 A등급에 선정돼 양성평등 정책에 대한 서초구의 노력을 다시 한번 인정받았다.

양성평등이란 말 그대로 성별에 따른 차별, 편견, 비하 및 폭력 없이 인권을 동등하게 보장받고 모든 영역에 동등하게 참여하고 대우받는 것을 말한다. 남녀 모두 삶의 질 향상과 사회공동체 전체의 지속 가능한 발전을 이끄는 핵심 가치이다.

나는 성평등한 지역문화를 형성해 남녀 모두가 평등하고 행복한 서초 실현을 구정의 목표로 삼고 있다. 여성을 비롯한 사회적 약자가 소외되지 않고 남녀 모두가 동등하고 공정하게 대우받는 구민 모두가 살기 좋은 행복한 도시 서초를 만드는 것이다.

차별 없는 서초를 향한 약속

"구청장님, 저는 아이를 낳고 경력이 단절될까 봐 늘 걱정했어요. 그런데 서초구에 경력 단절 여성을 위한 일자리 회사가 생겼다는 소식을 듣고 다시 희망을 품게 되었습니다."

출산 후 경력 단절로 고민하던 한 젊은 어머니가 내게 보내온 편지 한 구절이다. 편지를 읽는 내내 내 마음을 울렸다. 여성들이 육아와 직업 사이에서 선택의 기로에 놓이는 현실, 그리고 사회에 다시 참여하고 싶어도 마땅한 기회를 찾지 못하는 어려움은 비단 그분만의 문제가 아니다. 나는 이러한 현실을 극복하고 여성들이 자신의 잠재력을 마음껏 펼칠 수 있는 환경을 조성하는 것이 중요하다고 생각했다.

서초구가 지정받은 '여성친화도시'는 지역정책과 발전 과정에 여성과 남성이 평등하게 참여하고 여성의 역량강화, 돌봄 및 안전이 구현되도록 정책을 운영하는 지역을 뜻한다. 나는 서초의 모든 정책이 성인지적 관점에서 기획되고 실행될 수 있도록 더욱 노력하는 것이 바람직하다고 생각한다.

여성들이 안심하고 생활할 수 있는 환경을 만드는 것은 양성평등 도시의 기본 전제이다. 밤늦게 귀가하는 여성들이 불안감을 느끼지 않도록, 서초구는 다양한 여성 안전 정책을 추진하고 있다.

'안심귀가 서비스'를 비롯하여 24시간 CCTV가 연동된 '안심지킴이집'을 운영하고, '우리집 안심키트 지원사업'을 통해 1인 가구에 스마트 초인종과 가정용 CCTV를 무상으로 지원하고 있다. 또한 '서초 불법촬영 보안관'을 운영하며 공공 및 민간 건물 화장실 등 다중이용시설의 불법 촬영 카메라를 점검하고 있다.

특히 밤늦은 시간에 퇴근할 때는 반드시 안심귀가 서비스를 이용한다는 여성들이 많았다. "밤늦게 퇴근할 때 '안심귀가 서비스'를 이용하면 정말 든든해요. 동네 편의점이 '안심지킴이집'이라는 걸 알게 되니 마음이 놓입니다." 젊은 직장인이 건넨 말에서 정책 수요자인 주민 중심의 행정이 얼마나 중요한지 다시금 깨달았다.

여성들이 출산과 육아로 인해 경력이 단절되지 않고 일과 가정을 양립할 수 있도록 지원하는 것은 내가 가장 중요하게 생각하는 부분이다. '함께키움 공동육아'는 서초구가 2011년부터 시작해 전국 돌봄 공동체의 모델로 자리매김한 사업이다.

2024년에는 140개 모임, 520가정이 참여하여 양육 정보를 공유하고 공동 활동을 통해 육아 부담을 완화하고 있다. '손주돌보미' 사업은 생후 24개월 이하의 손주를 돌보는 조부모에게 최신 양육 교육을 제공하고 돌봄 활동비를 지원한다.

'독박육아'가 되어서는 안 되고, 사회가 함께 돌보는 '함께육아'의 문화를 정착시켜가야 한다.

해외 모범 사례로 양성평등 문화 확산

양성평등 도시를 위한 고민은 서초만의 이야기가 아니다. 이제 성평등은 국가 경쟁력과 사회 발전을 위한 핵심 지표로 인식하고, 여러 국가에서 혁신적인 시도들이 이어지고 있다.

북유럽 국가들인 노르웨이와 스웨덴은 선도적인 양성평등 정책으로 유명하다. 남성에게도 충분한 육아휴직 기간을 보장하고, 기업 이사회의 여성 할당제를 의무화하는 등 여성의 경제활동 참여는 물론 고위직 진출을 적극적으로 독려하고 있다. 그 결과 여성의 경제활동 참여가 늘어나도 출산율은 안정적으로 유지되고 있다. 이는 법제도적 기반 마련에 이어 양성평등에 대한 문화와 인식을 확대하는 것이 중요함을 시사한다.

캐나다에서는 새로운 정책을 입안할 때, '젠더 분석 플러스(GBA+)'라는 성별 영향 평가 도구를 사용한다. 이를 통해 정책이 특정 집단에 미치는 영향을 다각적으로 분석하여 사각지대 없이 모두에게 공정한 혜택이 돌아갈 수 있도록 설계하고 있다. 독일과 오스트리아에서 적극적으로 추진하는 '젠더 주류화 Gender Mainstreaming'는 정책 기획, 실행, 평가의 전 과정에 성인지 관점을 통합해 성차별적 요소를 제거하고 있다. 남녀의 성적 동일성을 통해 양성평등 사회를 구현하려는 노력이다.

서초구 또한 해외 사례를 적극 벤치마킹해 구정에 활용하고 있다. 양성평등활동센터를 통해 주민 인식 조사를 통한 성인지 통계 시스템을 구축했다. 성평등 정책의 체계적 기반 마련을 통해 위촉직 위원의 여성 비율 확대, 공무원 성인지 교육 의무화 등 구정 운영 전반에 성인지 관점 확산을 위한 노력을 지속하고 있다.

모두가 행복한 서초, 양성평등의 미래를 향해

'서초의 양성평등 도시 만들기 위한 고민'은 나의 끊임없는 화두이자, 서초의 미래를 위한 약속이다. 남녀가 서로를 존중하고, 각자의 역할에 대한 고정관념에서 벗어나, 자신의 꿈을 향해 자유롭게 나아갈 수 있는 서초를 만들겠다. 성별에 따른 차별 없이, 남녀 모두가 함께하는 서초를 꿈꾼다. '2024년 양성평등정책대상' 지방정부 부문에서 행정안전부장관상을 수상한 것은 그간 서초구의 노력이 성과를 내고 있다는 증거지만, 나는 이에 안주하지 않을 것이다. '모두가 행복한 서초'를 실현하기 위해 오늘도 양성평등의 가치를 실천하며, 힘차게 나아가고 있다.

무장애숲길과 서행길에서 누구나 행복해지길

건강한 삶에 관심이 높아지고 맨발 걷기 등을 하는 사람들이 늘면서 누구나 이용하기 편리한 친자연적 산책로가 인기를 얻고 있다. 문제는 자연 속에서 힐링이 될 수 있는 길을 걸으려면 그곳까지 차를 타고 이동해야 하는 것이다. 도심 속 생활 주변에서 걸을 방법은 없을까, 하고 고민했다. 누구나 쉽게 찾을 수 있고, 머무르고 걷고 싶은 길을 만드는 것이 나의 오랜 염원이기도 했다.

이제 서초에서는 도심 속에서 자연을 온전히 누릴 수 있게 됐다. 몸이 불편하신 분들이든, 어린 자녀들과 함께 온 가족이든, 연인들이든 누구든지 자연의 품을 마음껏 누리면서 즐겁게 걸을 수 있는 길이 만들어졌다. 이름하여 '무장애숲길'과 '서초행복길'이다.

숲의 품으로 한 걸음 더, '무장애숲길'의 탄생

"구청장님, 제가 휠체어를 타고 이렇게 깊은 숲속을 걸을 수 있을 거라고는 상상도 못 했어요. 새소리도 듣고, 맑은 공기도 마시니 정말 새로운 삶을 사는 것 같습니다."

우면산 무장애숲길에서 만난 한 장애인 구민의 눈가에 맺힌 감격의 눈물은 내 마음마저 뜨겁게 했다. 그분의 환한 미소는 내가 이 길을 만들고자 했던 이유를 다시 한번 일깨워주었다. 가파른 경사와 계단으로 인해 숲길을 오르기 어려웠던 분들에게 자연은 그저 바라만 봐야 하는 존재였다.

서초구는 이러한 장벽을 허물고자 우면산에 '무장애숲길'을 조성했다. 2024년 5월, 서초약수터부터 국립국악원까지 이어지는 3km의 1단계 구간인 '동행길'을 개방했다. 이 길은 완만한 경사의 목재 데크로 조성되어 유아차를 끄는 부모님, 거동이 불편한 어르신, 휠체어를 이용하는 장애인 등 누구라도 안전하고 편안하게 숲속을 거닐 수 있다. 새소리를 들으며 쉬어갈 수 있는 '새소리 쉼터', 아름다운 벚꽃을 감상하는 '벚꽃 놀이터', 잔잔한 물소리를 들을 수 있는 '소리 쉼터' 등 다채로운 자연 체험 공간이 마련되어 있다.

2025년 4월에는 국립국악원부터 BTN불교방송 맞은편까지 약 1km의 2단계 구간인 '소걸음길'을 정식 개방했다. 1단계보다 숲속 깊이 들어간 이 길은 고요하고 평온한 분위기 속에서 쉼터와 맨발길이 조성되어 일상에 지친 구민들에게 진정한 위로와 힐링을 선사하고 있다.

"맨발로 흙길을 걸으니 발바닥부터 온몸에 기운이 솟는 것 같아요. 숲의 에너지가 그대로 전해지는 느낌입니다."

어르신의 생생한 소감은 길의 가치를 증명해 주고 있다. 서초구는 2026년까지 총 8.69km에 이르는 우면산 무장애숲길 전 구간을 4단계에 걸쳐 완성해 우면산 전체를 '모두를 위한 무장애 힐링존'으로 조성할 계획이다.

서리풀공원에도 4.1km의 숲길 중 2.3km 구간에 걸쳐 계단과 턱이 없는 목재 데크길을 조성하여 '무장애숲길'을 만들었다. 이곳은 고속터미널역에서 방배역까지 서초의 중심부를 가로지르며, 누에다리, 몽마르뜨공원 등 서초의 명소들과 자연스럽게 이어져 도심 속 힐링 산책 코스로 주목받고 있다.

느리게 걸어도 좋은 '서초행복길'

"주말마다 서행길을 걷는데, 코스마다 다른 풍경과 이야기가 있어서 지루할 틈이 없어요. 걷다 보면 어느새 스트레스가 사라지고 행복해집니다."

우리 서초의 아름다운 자연과 문화, 역사를 한눈에 담을 수 있는 길이 '서초행복길'이다. 서초행복길의 줄임말인 서행길은 '행복'과 '느리게 걷다'라는 중의적인 의미를 담은 서초구의 산책길 브랜드이다. '서행길'은 총 26.9km에 이르는 5개의 순환형 코스로 조성되어 있다. 고속터미널역에서 잠원나들목, 서초IC, 우면교, 방배역까지 이어지는 길을 걸으며 주민들은 쾌적한 도시환경과 아름다운 자연을 만끽할 수 있다.

서행길은 단순히 걷는 길이 아닌 다양한 즐거움으로 가득한 문화공간이다. 양재천변을 따라 걷는 길에서는 시원한 물소리와 함께 아름다운 카페와 바bar들이 낭만적인 분위기를 연출한다.

경부고속도로변 녹지에 조성된 '길마중길'은 마사토 산책길이다. 마사토는 황토보다 굵은 알갱이로 지압 효과가 있어 뇌를 깨우는 효과로 힐링도 하며 건강도 챙길 수 있다. 울창한 느티나무와 메타세쿼이아 숲길 사이에는 체력 단련 운동기구와 명화 갤러리 포토존이 있어 지루할 틈이 없다.

"아이들과 함께 명화 갤러리에서 사진도 찍고, 숲속에서 뛰어놀다 보면 시간이 가는 줄 몰라요."

서초에 이런 보물 같은 길이 있었다니 무척 놀랐다는 한 가족의 이야기는 서행길이 모든 세대가 함께 즐길 수 있는 공간임을 보여주고 있다.

각 코스마다 '시인의 마음으로 걷는 길', '도심 속에서 즐기는 맨발 산책' 등 고유한 테마를 부여하여 걷는 재미를 더했다. 특히 여의천 강변에는 녹색의 산책길과 갈색의 자전거길이 나란히 이어져 있어, 걷기와 자전거 타기를 동시에 즐길 수 있다.

총 26.9km 길이에 5개 순환형 코스로 조성되어 있는 서행길은 다양한 즐거움으로 가득한 문화 공간이다. 고속터미널역에서 잠원나들목, 서초IC, 우면교, 방배역까지 이어지는 길을 걸으며 주민들은 쾌적한 도시환경과 아름다운 자연을 만끽할 수 있다.

자연과 사람이 공존하는 서초

'무장애숲길'과 '서초행복길'은 서초구가 지향하는 '자연과 사람이 공존하는 도시'의 중요한 상징이다. 이 길들은 구민들의 건강 증진, 정서적 안정, 이웃과의 소통을 위한 소중한 공동체 공간이 되고 있다.

앞으로도 모든 구민이 자연의 혜택을 골고루 누릴 수 있도록 무장애숲길과 서행길을 더욱 확대해 나갈 계획이다. 다양한 편의 시설과 문화 콘텐츠 또한 확충해 갈 것이다. 숲속 힐링 체험 프로그램, 맨발 걷기 행사, 자연과 함께하는 예술 공연 등을 통해 구민들이 자연 속에서 더욱 풍요로운 삶을 누릴 수 있도록 지원하겠다.

서초의 무장애숲길과 서행길은 구민의 행복한 일상을 위한 든든한 힘이자, 서초의 미래를 보여주는 희망의 길이다. 나와 동료 공직자 모두는 모든 구민이 무장애숲길과 서행길을 걸으며 도심 속 자연을 느끼고, 행복과 웃음이 가득하기를 바라고 있다.

작은 실천이 만드는
푸른 서초

요즘 우리의 일상생활을 돌아보면서 부쩍 떠오른 바람이 하나 있다. 환경과 조화롭게 상생하며 지속가능한 삶을 일구어 나가는 '탄소중립 청정 도시'를 만드는 것이다. 우리는 종종 기후 변화로 인한 거대한 자연 재난 앞에서 무력감을 느끼곤 한다. '나 혼자 뭘 할 수 있을까'라는 질문 앞에서 주저앉기도 한다. 나는 이러한 물음표를 느낌표로 바꾸고 싶었다. 그리고 그 해답을 주민과의 동행, 즉 주민의 일상 속 작은 실천에서 찾았다. 주민의 아이디어로 시작한 '탄소제로샵'이다. 주민 주도형 자원순환 사업인 탄소제로샵은 작은 실천 하나가 환경을 지키고, 지역 경제에 활력을 불어넣어 '선한 순환'을 만드는 서초만의 특별한 모델이다.

"구청장님, 택배 상자에서 나오는 아이스팩이나 비닐봉지가 너무 아까워요. 그냥 버리자니 환경에 미안하고, 그렇다고 쌓아둘 수도 없고요. 집 베란다에 아이스팩이 수십 개씩 쌓여 있어요. 이거 다

쓰레기가 되는 거잖아요."

어느 날 주민이 내게 한 이 한마디에 나는 정신이 번쩍 들었다. 주민의 표정에는 버려지는 자원에 대한 안타까움과 함께 작은 실천이라도 하고 싶은 간절함이 고스란히 담겨 있었다. 비단 그것만의 문제는 아니었다. 매일 쏟아져 나오는 플라스틱, 비닐 등을 비롯한 일회용품과 포장재는 도시의 쓰레기 문제를 심각하게 하고 있다. 게다가 처리 과정에서 발생하는 탄소 배출량도 무시할 수 없는 수준이다. 무심코 버려지는 자원들이 매일 산처럼 쌓여 버려지는 것을 보면서 늘 마음 한구석이 불편했다. '이 아까움'을 어떻게 하면 '새로운 가치'로 바꿀 수 있을까? 어떻게 하면 주민들의 환경 보호 의지를 실제 행동으로 이어지도록 다리를 놓을 수 있을까?

기존의 재활용 체계는 잘 분리된 품목을 수거해 처리에만 중점을 두었다. 그래서 사용 후 '재사용'으로 이어지는 순환 구조는 미흡했다. 특히 옷걸이, 비닐봉지, 아이스팩 등은 그 용도에 따라 재사용이 가능한 품목임에도 불구하고, 마땅한 수거처가 없어 버려지는 경우가 많았다. 이러한 생활 속의 작은 고민까지 해결하고, 주민들이 자원순환에 능동적으로 참여할 수 있도록 하는 '참여형 자원순환 정책'이 절실히 필요했다.

나는 주민들이 직접 참여하고, 동네 곳곳의 상점들이 함께 힘을 모아 자원을 다시 사용하는 '서초만의 특별한 모델'인 탄소제로샵을 확대 운영하기로 결심했다. 원래 탄소제로샵은 2021년 전임 구청장님이 '자원순환 촉진 및 폐기물 감축에 관한 조례' 제정을 통해 시범 운영을 하면서 전국 최초로 시작됐다.

처음에는 3개 동에서 소규모로 시작했다. 주민 한 분 한 분의 작은 탄식이, 서초의 '푸른 기적'을 만들어갈 첫걸음을 시작한 것이다. 탄소제로샵의 취지와 가능성을 깊이 공감하고, 취임 이후 더욱 확대하면서 활성화를 위한 모든 노력을 기울였다. 작은 씨앗 하나가 서초 전역으로 퍼져나가 푸른 숲을 이루리라는 확신이 있었다.

주민이 만드는 푸른 기적

'탄소제로샵'은 주민과 지역 상인이 함께 만드는 '주민 주도형 자원순환 네트워크 사업'이다. 아주 간단한 방식으로 운영되는데도 효과는 우리에게 커다란 놀라움과 보람을 안겨주고 있다.

서초구에는 매주 아침, 아이스팩을 한 아름 들고 동네 정육점으로 향하는 주민들의 발걸음이 가볍다고 한다. "사장님, 여기 아이스팩이요." "어유, 고맙습니다. 덕분에 저희도 비용 절감하고 환경도 살리고, 정말 기분 좋아요." 이와 같은 따뜻한 대화가 오가는 탄소제로샵은 재활용 공간을 넘어서 이웃 간의 정이 흐르는 서초 사랑방이 되었다.

탄소제로샵 운영 시스템은 다음과 같다. 먼저 재사용 가능한 품목을 수거한다. 주민들은 재활용이 가능한 옷걸이, 비닐봉지, 쇼핑백, 아이스팩, 커피 트레이, 투명 페트병, 신문지, 세탁소 비닐, 보

제16회 자원순환의 날을 기념해 서초탄소제로샵 물품 전달 및 서초탄소제로 지킴이 위촉식을 가졌다.

자기를 직접 모아 가까운 탄소제로샵으로 가져온다. 이 품목들은 주민들의 손길을 거쳐 깨끗하게 세척되고 분류되어, 새로운 쓰임새를 기다리는 '귀한 자원'으로 다시 태어난다.

그다음은 상점으로의 재순환이다. 새롭게 태어난 품목들은 동네 세탁소, 정육점, 문구점, 중소 규모 카페 등 참여 상점으로 전달되어 필요한 곳에서 다시 사용되는 것이다. 세탁소 사장님은 주민이 가져다준 옷걸이에 새로 세탁된 옷을 걸어주고, 정육점 사장님은 아이스팩을 신선식품 포장에 재활용하며 빙긋 웃었다. 마치 거대한 퍼즐 조각처럼, 주민들의 작은 실천이 상점의 부담을 덜어주고 환경을 보호하는 선순환을 만들어냈다.

핵심은 '착한 서초코인'으로 보상하는 것이다. 주민들은 탄소제로샵 활동에 참여할 때마다 '착한 서초코인'이라는 가시적인 보상을 받는다. 이 코인은 서초구 내 1만 2,000여 개의 서울페이 가맹점에서 현금처럼 사용할 수 있다. 환경을 지키는 착한 일에 참여하니 경제적 보상까지 따라오는 '일석이조'의 기쁨을 누릴 수 있다.

이러한 시스템을 통해 서초구는 2023년 한 해 동안 탄소제로샵을 통해 무려 14만 2,000여 품목의 재활용품을 수거했다. 이는 이산화탄소 약 2만kg을 줄인 효과로, 30년생 소나무 3,000그루를 심은 것과 같은 놀라운 성과였다. 이는 주민들의 작은 실천이 쌓아 올린 '푸른 기적'이다. 푸른 서초의 미래를 위한, 주민 한 분 한 분의 소중한 발자취가 새겨진 것이다.

작은 탄식에서 시작된 큰 꿈, 탄소제로샵

탄소제로샵이 서초의 대표 친환경 정책으로 자리 잡기까지는 주민들의 적극적인 참여와 공직자들의 다각적인 활성화 노력이 있었다. 탄소제로샵은 주민주도형 사업으로 주민들이 앞장섰다. '푸른 서초환경실천단'을 비롯한 주민 자원봉사 그룹이 핵심적인 역할을 했다. 이들은 지역의 환경 리더로서 서초구 전역에서 활발하게 활동하며 친환경 문화를 확산시켰다. 새로운 탄소제로샵 발굴에도 나서며 주민들의 참여를 독려했다. 마치 작은 물방울이 모여 큰 강을 이루듯, 주민들의 자발적인 참여가 없었다면 이처럼 빠른 확산은 불가능했다. 주민들의 열정적인 활동은 탄소제로샵을 서초의 자부심이자 자랑스러운 브랜드로 만들었다.

2021년 3개 동에서 소박하게 시작된 탄소제로샵은 현재 서초구 전역으로 확대되어 523곳의 상점이 참여하고 있다. 카페, 세탁소, 정육점, 문구점 등 다양한 업종의 상점들이 동참하고 있다. 서초 어디서나 '탄소제로샵'을 쉽게 찾을 수 있어, 주민들은 더욱 편리하게 자원순환 활동에 참여할 수 있게 되었다. 언론들은 서초의 '탄소제로샵'을 주민과 함께 자원순환에 앞장서는 '탄소제로 도시' 조성의 모범 사례로 꾸준히 언급하고 있다.

"서초구, 주민 주도 '탄소제로샵'으로 친환경 문화 확산"
한 언론에 보도된 '탄소제로샵' 관련 보도기사의 제목이다. 기사 제목처럼, 주민들이 주도하고 구는 정책적인 지원을 더해 '탄소제로 도시 서초'를 완성하겠다는 주민과의 약속이 현실이 되고 있다. 탄소제로샵 외에도 주민이 주도하는 자원순환 사례로 '쓰지 않는 텀블러 기부캠페인'이 있다. 푸른서초환경실천단이 주도해 텀블러 사용 확산을 위해 시작한 캠페인으로, 잘 쓰지 않는 텀블러를 모아 필요한 주민에게 나누는 활동이다.

'탄소제로샵'과 '텀블러 기부캠페인' 모두 일상 속 작은 실천으로 기후 변화에 대응하는 서초형 친환경 문화 활동이다. 주민들이 주도적으로 이끌어가고 구의 정책적인 지원이 더해지면서 '탄소제로 도시' 서초가 현실로 다가올 날도 멀지 않았다.

지속가능한 미래, 탄소제로샵이 그릴 서초의 약속

'탄소제로샵'은 환경 문제 해결뿐만 아니라 주민들과 협력하고 소통하며 더 나은 사회를 만들어가는 '공동체 정신'의 중요성을 일깨워주었다. 게다가 폐기물 감축과 자원순환이라는 목표를 넘어서 이웃과 따뜻한 연대와 공감을 토대로 미래 세대에게 물려줄 푸른 서초를 위한 소중한 씨앗을 심고 있다고 생각한다.

앞으로도 서초구는 '탄소제로샵' 사업을 지속적으로 고도화하고, 참여 품목과 상점 수를 확대하여 자원순환 문화를 정착시켜 갈 것이다. 주민의 작은 관심과 참여가 모여 서초를 자랑스러운 '탄소중립 청정 도시'로 만들어갈 것으로 확신한다.

04

따뜻한 동행,
사각지대 없는 맞춤형 복지

어르신 삶의 활력소, 느티나무쉼터와 시니어라운지

초고령 사회에 진입한 지금, 어르신들의 건강과 안전, 활기찬 사회 참여는 우리 사회 전체의 중요한 과제이다. 서초구는 어르신들이 삶의 활력을 되찾고, 이웃과 소통하며, 새로운 문화를 경험할 수 있는 특별한 공간들을 마련했다. '느티나무쉼터'와 '시니어라운지'가 그 중심에 있다. 어르신들을 위한 단순한 시설을 넘어 그동안 켜켜이 쌓인 연륜과 풍화된 멋으로 미처 발견하지 못한 새로운 매력을 찾아 어르신들에게 새로운 삶의 즐거움을 열어드리는 서초의 따뜻한 동행이다.

동네 어귀의 든든한 나무 같은 '느티나무쉼터'

"여기 느티나무쉼터가 우리 동네 사랑방이야. 아침에 나와서 친구들이랑 건강 체조하고, 오후엔 스마트폰 배우고, 심심할 틈이 없어."

어느 날 내곡느티나무쉼터에서 만난 한 어르신께서 환하게 웃으시며 건네신 말씀이다. 얼굴에는 활기찬 에너지가 가득했다. 과거의 경로당이 단순히 시간을 보내는 공간이었다면, 서초의 '느티나무쉼터'는 어르신들의 삶에 새로운 활력을 불어넣는 복합 문화 여가 시설로 진화했다. 서초구는 어르신들이 집 가까이에서 편리하게 이용할 수 있도록 동네 곳곳에 느티나무쉼터를 조성하고 있다.

"구청장님, 제가 이 나이에 드론을 날려볼 줄은 꿈에도 생각 못했어요"라며 신기해하시던 어르신, "모델 워킹 수업 덕분에 허리도 펴지고 자신감도 생겼지 뭐야"라며 꼿꼿한 자세를 뽐내시던 어르신의 모습은 내게 깊은 인상을 남겼다. 1인 미디어실에서는 어르신들이 직접 자신만의 유튜브 채널을 만들어 '할마할빠 이야기'를 세상에 전하기도 한다. 처음에는 카메라를 어색해하던 어르신들도 이제는 능숙하게 대본을 읽고, 편집까지 하고 있다. 이제 '나도 유튜버가 될 수 있다'는 새로운 꿈을 꾸는 모습을 보며 흐뭇한 미소가 절로 나왔다.

'스마트시니어 IT 체험존'에서는 AI 로봇과 대화하며 인지 훈련을 하고, VR 가상현실을 통해 해외여행을 떠나고, 키오스크 사용법을 익히는 등 디지털 시대에 발맞춘 교육이 활발하게 이루어지고 있다. "이제 은행 가서 번호표 뽑고 헤맬 일 없겠네"라며 환하게 웃으시는 어르신들의 얼굴에서 디지털 격차 해소의 희망을 보게 됐다.

느티나무쉼터는 새로운 것을 배우는 배움의 장이자 소통의 공간이다. 어르신들은 외로움을 잊고, 건강도 챙기고 다시 젊음의 활력을 되찾고 있다. '시간이 거꾸로 흐른다'를 실감할 정도로 행복한 노년을 보내고 있다.

도심 속 세련된 휴식처, '시니어라운지'

"친구들이랑 백화점 라운지 가는 기분으로 여기 시니어라운지에 와요. 커피 한 잔 마시면서 태블릿으로 뉴스도 보고, 안마 의자에서 피로도 풀고, 정말 좋아요."

반포3동 시니어라운지에서 만난 한 어르신은 이곳을 '도심 속 세련된 휴식처'라고 표현했다. 서초구는 기존 경로당 시설이 어르신들의 변화하는 욕구를 충족시키기에는 부족하다는 판단 아래, 개방적인 '시니어라운지'를 조성해 현대적인 커뮤니티 공간으로 탈바꿈시켰다. 지역 주민도 자유롭게 이용할 수 있어 여가와 휴식은 물론 세대간 교류와 소통이 이루어지는 커뮤니티 허브로 자리 잡고 있다. 현재 반포2동, 반포3동, 서초1동, 반포복지관 경로당, 반포·내곡 느티나무쉼터, 서초 스마트시니어 교육센터 등 총 7곳에서 운영 중이며, 앞으로도 확대해 나갈 계획이다.

시니어라운지는 이름처럼 편안하고 세련된 분위기를 자랑한다. 은은한 조명 아래 편안한 의자에 앉아 담소를 나눌 수 있는 '담소존'

서초구는 기존 경로당 시설이 어르신들의 변화하는 욕구를 충족시키기에는 부족하다는 판단 아래, 개방적이고 현대적인 커뮤니티 공간으로 탈바꿈하여 '시니어라운지'를 조성했다. '도심 속 세련된 휴식처'다.

에서는 어르신들의 정겨운 이야기꽃이 피어난다. 스마트 테이블과 태블릿PC 등 디지털 기기를 자유롭게 사용하며 나만의 시간을 보낼 수 있는 '스마트존'에서는 어르신들이 온라인 세상과 소통하며 새로운 정보를 얻는다. 그리고 안마기를 갖춘 '힐링존'에서는 일상의 피로를 풀고 재충전의 시간을 가진다. "여기 안마 의자에 앉아 있으면 세상 시름이 다 사라지는 것 같아. 며느리한테도 추천했지"라며 웃으시는 어르신의 모습에서 진정한 휴식의 가치를 엿볼 수 있었다.

특히 반포3동 시니어라운지에는 동화책과 푹신한 매트를 갖춘 '키즈 공간'까지 마련돼 있다. 어르신들이 손주들과 함께 방문하여 즐겁게 시간을 보낼 수 있도록 한 것이다. "손주랑 같이 와서 동화책도 읽어주고, 아이가 노는 거 보면서 저도 젊어지는 것 같아요"라며 흐뭇해하시는 할머니의 모습에서 세대 간 자연스러운 교류와 공감이 형성되고 있음을 엿볼 수 있었다. 시니어라운지는 자연스럽게 '세대 공감'의 장이 되고 있었다.

기술에 온기를 더한 복지, 서초의 미래

느티나무쉼터와 시니어라운지는 서초구가 추진하는 '스마트시니어 사업'의 중요한 축이다. 이들 시설은 단순한 여가 공간을 넘어, 어르신들의 디지털 리터러시와 AI 리터러시 교육의 거점 역할을 수행하고 있다. 아울러 어르신들이 급변하는 디지털 환경에 적응하고 능동적으로 참여할 수 있도록 지원하고 있다. 또한 AI 운동 돌봄 서비스, AI 생체신호 IoT 돌봄, AI 스마트 음성 스위치, AI 자동 안심콜 등 첨단 기술을 활용한 돌봄 서비스와 연계되어 어르신들의 건강과 안전을 지키는 파수꾼 역할도 하고 있다.

나는 기술이 단순히 편리함을 넘어, 사람의 삶에 온기를 더하고 사회적 약자를 포용하는 따뜻한 도구가 되어야 한다고 생각한다. '스마트시니어 사업'은 바로 이러한 나의 철학이 담긴 서초의 미래 복지 모델이라 할 수 있다.

앞으로도 서초구는 '스마트시니어 교육센터'를 통해 어르신들의 디지털과 AI 리터러시 역량을 지속적으로 강화해 나갈 것이다. '서초 시니어 AI 돌봄 플랫폼'을 확대하여 어르신들의 건강과 안전을 위한 촘촘한 안전망도 구축해 나갈 계획이다. 서초구는 기술에 온기를 더한 복지를 지속적으로 확장해 어르신들의 든든한 삶의 동반자이자 지팡이가 되어 드리겠다고 약속드린다.

따뜻한 동행이 만드는 희망, 서초형 복지 안전망

　서초가 희망하는 '오늘 행복하고 내일이 기다려지는 도시'는 촘촘한 복지 안전망이 구축되어야 가능하다. 복지 안전망이 뒷받침될 때, 주민 누구도 소외되지 않고, 모든 주민이 존엄하고 안정된 삶을 누릴 수 있기 때문이다. 빠르게 변해 가는 사회 속에서 복합적인 어려움을 겪는 이웃들이 늘어나고 있다. 특히 1인 가구 증가와 고령화 심화는 우리에게 새로운 복지 과제를 안겨주고 있다.

　나는 이러한 시대적 변화와 구민들의 목소리에 귀 기울이며, '약자와의 동행'을 서초의 가장 중요한 가치로 삼고 있다. 단순히 도움을 주는 것을 넘어, 어려움에 처한 이웃의 손을 잡고 함께 걸어가며 그들이 다시 재기할 수 있도록 돕는 것이 진정한 복지라고 믿는다. 서초구는 첨단 기술과 따뜻한 사람의 온기를 결합한 '서초형 복지 안전망'을 촘촘하게 구축해 단 한 명의 구민도 복지 사각지대에 놓이지 않도록 하고 있다.

보이지 않는 곳까지 비추는 '희망의 등불'

"구청장님, 저는 정말 혼자였어요. 아무도 저의 어려움을 모를 거라고 생각했는데, 먼저 손 내밀어 주셔서 정말 감사했습니다."

어느 날, '복지 사각지대 발굴'을 통해 도움을 받게 된 한 어르신께서 나를 만나자마자 손을 잡으면서 건넨 말이다. 사회의 그늘진 곳에는 여전히 도움이 필요하지만, 스스로 목소리를 내기 어려운 이웃들이 많다. 서초구는 보이지 않는 곳에 있는 이웃들을 찾아내기 위해 '희망복지팀'을 중심으로 복지 사각지대 위기가구를 집중 발굴하고 있다. 주민들의 제보, 빅데이터 분석, 지역 사회보장협의체와의 긴밀한 협력을 통해 위기 신호를 한시라도 놓치지 않으려 하고 있다.

특히 1인 가구의 고독사 예방과 안전을 위해 '서초1인가구지원센터'를 통해 선제적인 돌봄 서비스를 제공하고 있다. 전력 사용량 변화를 감지하여 이상 징후를 알리는 '서리풀 문안인사 스마트 돌봄 플러그', 정기적인 음성 메시지를 발송하고 미응답 시 전화나 방문으로 안부를 확인하는 서비스는 홀로 사는 이웃들의 든든한 지킴이가 되어주고 있다. "밤에 잠들기 전 플러그 불빛을 보면, 서초구가 나를 지켜준다는 생각에 마음이 편안해져요"라는 한 1인 가구 주민의 이야기에서 복지서비스도 첨단 기술을 활용한 스마트해지고 있다는 것을 알 수 있다. 이제는 복지도 기술이 전해주는 따뜻한 위로, 스마트 복지시대로 패러다임이 바뀌고 있다.

또한 '서리풀 카운슬러'를 통해 법률, 재무/세무, 주거, 전문 심리 상담 등 1인 가구의 다양한 어려움을 해결해 주는 맞춤형 상담을 제공한다. '서리풀 보디가드'는 도어 카메라 설치로 주거 안전을 강화하고, '서리풀 싱글가드'는 호신술 교육을 통해 자기 방어 능력을 길러준다. 서초구로 전입하는 1인 가구에게는 '웰컴 키트'를 지원해 새 출발을 응원한다. 이 모든 노력은 단 한 명의 구민도 외롭거나 위험에 빠지지 않도록 하는 서초의 약속이다.

위기 상황에 즉각 대응하는 '서리풀 돌봄SOS 서비스'

"갑자기 몸이 아파 거동이 어려워졌을 때, 돌봄SOS 서비스 덕분에 큰 도움을 받았습니다. 정말 위기의 순간에 서초구가 저를 지켜주었어요."

예상치 못한 위기 상황은 누구에게나 찾아올 수 있다. 서초구는 긴급하고 일시적인 돌봄이 필요한 주민들을 위해 '서리풀 돌봄SOS 서비스'를 운영하고 있다. 위기 상황 발생 시, 즉각적인 대응으로 주민의 안전을 지킬 수 있는 안전망 시스템이다. 만 50세 이상 중장년·어르신, 만 6세 이상 장애인 등 돌봄이 필요한 주민이라면 누구나 주소지 동 주민센터나 구청 복지정책과 돌봄지원팀에 연락하면 도움을 받을 수 있다.

'돌봄 매니저'가 주민과 상담한 후, 현장을 방문하여 개인에게 필요한 맞춤형 서비스를 연계해 준다. 외출 시 동행 지원, 주거 환경 개선을 위한 간단한 수리·청소·방역·세탁 서비스, 일시적인 돌봄 공백을 메워주는 긴급 돌봄 등 다양한 서비스가 제공된다.

"혼자서는 엄두도 못 냈던 집 청소를 도와주고, 병원 갈 때도 함께 가주셔서 정말 큰 힘이 됩니다"라는 이용자의 감사 인사는 이 서비스가 단순한 지원을 넘어 삶의 희망을 되찾아주는 중요한 역할을 하고 있음을 보여준다. 서초구는 앞으로도 돌봄 공백을 해소하고, 도움이 필요한 주민들에게 든든한 지원군이 되기 위해 다양한 돌봄 서비스를 지속적으로 확대해 나갈 계획이다.

생애 주기별 맞춤형 지원, '따뜻한 스마트 복지'

서초구의 복지 안전망은 특정 계층에만 국한되지 않는다. 영유아부터 어르신까지, 모든 생애 주기에 걸쳐 필요한 맞춤형 지원을 제공하며 '따뜻한 스마트 복지'를 실현하고 있다. 영유아 및 아동·청소년기에는 '함께키움 공동육아'를 통해 부모들의 육아 부담을 덜고 아이들이 건강하게 성장할 수 있도록 돕는다. '찾아가는 아동학대 ZERO 버스'와 온라인 교육 콘텐츠 '시간이 멈춘 세상'으로 아동학대 예방에 힘쓰고 있다.

'스마트시니어 AI 돌봄 플랫폼'을 통해서는 AI 운동 돌봄, AI 생체 신호 IoT 돌봄, AI 스마트 음성 스위치, AI 자동 안심콜 등 첨단 기술을 활용하여 어르신들의 건강과 안전을 촘촘하게 지키고 있다. 치매 환자와 가족이 지역사회 일원으로 존중받으며 건강하고 안전한 생활을 누릴 수 있도록 '치매 안심마을'과 '치매 안심 경로당'을 조성해 운영하고 있다.

'발달장애인 평생교육센터'를 신설해 장애인들이 사회 구성원으로서 당당하게 살아갈 수 있도록 지원하고, 50플러스센터를 통해 중장년층의 새로운 삶을 응원한다. 취약계층 주거 안정을 위해서는 저소득 취약계층을 위한 주거 급여를 현실화하고, 청년·신혼부부를 위한 임대주택 공급을 확대하여 주거 불안정을 해소하고 있다. 또한 HDC랩스와 업무 협약을 통해 취약계층에 도어락, 스마트 조명 설치 및 공간 방역 서비스를 지원하는 등 민관 협력을 통한 실질적인 도움을 제공하고 있다.

복지 안전망은 구청의 노력만으로 완성될 수 없다. 주민의 따뜻한 관심과 참여가 더해질 때 비로소 튼튼해지는 공동의 노력이다. '서초 복지 Factory'와 같은 민관 협의체를 통해 지역사회의 다양한 자원을 연계하고, 주민들이 직접 복지 문제 해결에 참여할 기회를 확대하고 있다. 또한 주민의 삶을 든든하게 지켜주는 희망의 울타리 역할을 해야 한다. '약자와의 동행'이라는 구정 철학으로 단 한 명의 주민도 소외되지 않는 '따뜻하고 안전한 서초'를 만들어 가는 것이다. 기술에 온기를 더하고 사람의 마음을 헤아리는 스마트 복지 행정으로 오늘보다 더 행복한 내일을 꿈꿀 수 있도록 주민의 든든한 동반자가 되도록 하겠다.

스마트시니어 사업,
어르신 삶에 온기를 더하다

우리 사회는 초고령 사회에 진입했다. 고령 인구 증가에 따른 사회 환경에 대응하려면 다양한 시니어 정책을 발굴·운영하고 노인복지 인프라를 확충해야 한다. 우리 사회의 시급한 과제는 어르신들의 건강과 안전, 사회 활동 등 어르신 삶의 질을 높이는 것이다. 주민과 가장 가까운 지방행정을 펼치는 구청장으로서의 중요한 책무 또한 어르신들이 소외되지 않고 즐겁고 안전한 노년을 보내실 수 있도록 돕는 것이 됐다.

서초구는 서울 자치구 중 유일무이하게 국내외 스마트 도시 인증을 보유하고 있다. 나는 단순한 첨단 기술 도입을 넘어, 주민이 체감할 수 있는 '따뜻한 스마트 도시'로의 전환을 목표로 하고 있다. 서초구는 어르신들이 삶에 온기를 더하고, 새로운 즐거움을 누릴 수 있도록 AI 기술과 디지털 혁신을 적용한 '스마트시니어 사업'을 펼쳐가고 있다.

디지털 세상을 여는 '서초 스마트시니어 교육센터'

"구청장님, 요즘 키오스크 앞에서 주문하기가 너무 어려워요. 젊은 사람들은 척척하는데, 저는 왜 이렇게 느린지…."

어느 날, 시장 골목에서 만난 한 어르신이 내게 건넨 말씀인데 아직도 마음속에 깊이 남아 있다. 당시 그분의 눈빛에는 디지털 세상에 대한 두려움과 함께 뒤처지고 싶지 않은 간절함이 있었다. 디지털 기술이 일상이 된 세상에서, 어르신들이 겪는 디지털 격차는 단순히 불편함에 그치는 것이 아니라 사회적 고립감으로 이어질 수 있다는 것을 깨달았다. '이대로는 안 된다'는 절박함과 함께 어르신들이 디지털 세상과 함께 할 수 있도록 지원하는 '서초 스마트시니어 교육센터'를 열었다.

서초 스마트시니어 교육센터는 일반적인 IT 교육센터가 아니다. 어르신들의 숨겨진 잠재력을 깨우고, 새로운 삶의 활력을 불어넣는 마법 같은 공간이 되고 있다. 복합 AI 디지털 교육 공간인 이곳은 대형 스크린, 스마트 칠판, DID(Digital Information Display) 등 최신 교육 시설을 갖추고 있다. 어르신들은 이곳에서 챗GPT 등 생성형 AI 플랫폼을 활용해 나만의 시(詩) 영상 만들기, 여행 계획서 작성하기, 크리스마스카드 만들기 등을 직접 체험하며 디지털 기술과 친숙해지고 있다. 처음에는 마우스 잡는 것도 서툴러 하던 어르신들이 이제는 능숙하게 태블릿을 조작한다. 직접 만든 시 영상을 가족들에게 보여주며 뿌듯해하는 모습을 볼 때는 이 사업의 진정한 가치를 느끼게 된다.

또한 애플 비전 프로, XR, VR 등 최첨단 IT 기기를 직접 경험하며 새로운 세상에 대한 호기심을 키우고 있다. 1:1 IT 고민 상담소를 통해서는 스마트폰 사용법, 온라인 뱅킹 등 일상 속 디지털 어려움을 해소하고 있다. "이제 손주들이랑 영상 통화도 할 수 있게 됐어요"라며 환하게 웃는 어르신의 모습은 저에게 감동과 보람을 안겨주었다.

센터를 방문하기 어려운 어르신을 위해선 '찾아가는 시니어 IT 교실'을 운영하고 있다. '스마트시니어 영상 공모전', '스마트시니어 경진대회' 등을 개최해 어르신들의 정보화 역량을 강화하고 사회 참여의 기회를 넓히고 있다. 어르신들이 디지털 기기를 능숙하게 다루고, 직접 만든 콘텐츠를 유튜브나 SNS에 공유하는 모습은 우리 서초의 미래를 밝게 비추는 희망의 빛이다.

AI가 지키는 건강과 안전, '서초 시니어 AI 돌봄 플랫폼'

"밤에 화장실 가다가 미끄러질까 봐 항상 조심스러워요. 혼자 살다 보니 혹시라도 넘어지면 어쩌나 걱정할 때가 많아요."

비 오는 어느 날, 홀로 사는 어르신 댁을 방문했을 때 들었던 이 한마디는 내 마음을 무척 아리게 했다. 독거 어르신들의 안전은 나의 가장 큰 관심사다. 특히 낙상 사고는 어르신들의 건강과 삶의 질을 위협하는 심각한 문제이기 때문이다. 서초구는 이러한 걱정을 덜어드리고자 AI 기술을 활용한 '서초 시니어 AI 돌봄 플랫폼'을 본격 추진하고 있다.

서초 시니어 AI 돌봄 플랫폼은 크게 네 가지 기능을 한다. 첫째, AI 운동 돌봄 서비스이다. 어르신들의 건강 증진을 위해 기존의 'AI 운동 돌봄 서비스'를 확대 운영한다. 3D 센서로 신체를 촬영하는 AI 체형 분석기를 통해 어르신 개개인의 신체 상태를 정밀 측정하고, 데이터를 기반으로 맞춤형 운동 프로그램을 제공한다. 마치 개인 트레이너가 옆에 있는 것처럼, 어르신들은 전문 인력의 지도하에 낙상 예방 운동을 한다. 모바일 앱으로도 운동 프로그램을 상시 제공하여 스스로 건강을 관리할 수 있도록 지원하고 있다. "구청에서 이렇게 좋은 기계로 운동도 시켜주고, 덕분에 허리 통증이 많이 줄었어요"라며 활기찬 미소를 짓는 어르신들을 보며, 기술이 삶의 질을 얼마나 높일 수 있을까, 자문해 보곤 한다. 이 서비스는 'CES 2025'에서 혁신상을 받은 첨단 기기를 활용하고 있다. 현재 지역 내 복지관과 느티나무쉼터 등 8곳에서 무료로 이용할 수 있다.

둘째는 AI 생체신호 IoT 돌봄 서비스이다. 돌봄 사각지대에 놓인 취약 독거 어르신들의 안전을 강화하기 위해 'AI 생체신호 IoT 돌봄' 서비스를 운영하고 있다. 비접촉식 생체신호 레이더 센서를 가정 내 안방, 현관, 화장실 등 주요 공간에 설치하여 어르신의 심박수,

호흡수, 체온, 낙상 여부, 활동량 등의 생체신호를 5초마다 24시간 실시간으로 감지하고 분석한다. 만약 평소와 다른 이상 징후가 감지되면 즉시 돌봄 종사자에게 비상 알림이 전송되어 신속한 대응이 가능하다. 이 시스템은 마치 보이지 않는 수호천사이자 파수꾼 역할을 한다. 어르신들의 일상을 묵묵히 지키며 고독사를 예방하고, 위급 상황 시에는 골든타임을 확보해 소중한 생명을 살린다.

셋째는 어르신들의 낙상 사고를 예방하기 위한 'AI 스마트 음성 스위치' 설치 사업이다. "서초야, 불 켜줘"와 같은 간단한 음성 명령만으로 전등을 제어할 수 있어, 한밤중에 어두운 실내에서 스위치를 찾다가 넘어지는 위험을 줄여준다. 별도의 스피커나 스마트폰, 인터넷 연결 없이도 작동한다. 게다가 통신요금이나 장애 발생 우려도 없어 실용성이 매우 높다. 이제 어르신들은 어둠 속에서 더듬거릴 필요 없이, 편안하게 빛을 밝히며 안전하게 이동할 수 있게 되었다.

넷째는 AI 자동 안심콜 서비스다. 서초 관내 독거 어르신 1,263명을 대상으로 'AI 자동 안심콜' 서비스로 매주 전화로 안부를 확인하고 있다. AI가 어르신의 휴대폰 최근 접속 시간을 기반으로 간접적인 안부 확인을 할 수 있고, 위기 상황 시는 112·119 신고와 현장 출동 등 신속한 대응이 가능하다. "어제는 AI 친구가 전화해서 잘 지내는지 물어보더라고. 혼자 있어도 외롭지 않아"라는 어르신의 말씀은 이 서비스가 단순한 안부 확인을 넘어 어르신들의 마음도 보듬어주는 따뜻한 친구가 되고 있음을 확인했다. 안심콜 서비스는 어르신들이 스스로 자기 돌봄에 참여하도록 돕고 있어 큰 호응을 얻고 있다.

기술에 온기를 더한 복지, 서초의 미래

나는 기술이 단순히 편리함을 넘어 사람의 삶에 온기를 더하고 사회적 약자를 포용하는 따뜻한 도구가 될 때, 그 가치가 있다고 생각한다. '스마트시니어 사업'은 바로 이러한 나의 철학이 담긴 서초의 미래 복지 모델이다.

앞으로도 서초구는 '스마트시니어 교육센터'를 통해 어르신들의 디지털 및 AI 리터러시 역량을 지속적으로 강화해 갈 것이다. 특히 '서초 시니어 AI 돌봄 플랫폼'을 대폭 확대하여 어르신들의 건강과 안전을 위한 촘촘한 안전망을 구축해 나갈 계획이다. 기술에 온기를 더한 스마트 복지를 지속적으로 확장해, 고령화시대 어르신들의 든든한 동반자이자 지팡이 역할을 해가겠다.

아이와 가족 모두에게 행복한 일상을

장애인 정책은 먼저 장애인들의 삶을 이해하는 것에서 시작해야 한다. 그래야 단순히 도움을 주는 것을 넘어서 장애인들이 처한 불편을 해소하고, 비장애인과 동등하게 꿈을 향해 나아갈 수 있는 길을 열어줄 수 있다.

장애 아동의 경우, 얼마나 일찍 발견하고 조기에 치료하느냐가 한 아이의 인생을 좌우한다고 해도 지나친 말이 아니라고 생각한다. 나는 장애 아동의 조기발견과 조기개입의 필요성을 알기에 '서초 아이발달센터' 등 종합적인 장애인 정책 추진에 모든 역량을 기울이고 있다.

서초의 미래는 장애인과 비장애인이 지역의 동등한 구성원으로서 각자의 잠재력을 마음껏 펼치며 행복한 삶을 영위하는 것이다. 장애인이라는 이유로 소외되지 않고, 당당하게 살아갈 수 있는 도시를 만드는 것이다. 그래서 장애인을 위한 정책은 서초의 건강한 미래를 위한 투자라고 생각한다.

작은 손을 잡아주세요

"구청장님, 제 아이의 발달이 또래보다 많이 늦는다는 이야기를 듣고 하늘이 무너지는 줄 알았습니다. 어디서부터 어떻게 시작해야 할지, 비용은 얼마나 들지, 모든 것이 막막했어요."

구청장 임기를 시작한 지 얼마 되지 않아 한 장애 아동의 어머니께서 내게 눈물로 호소했던 이야기는 여전히 뇌리에 깊이 박혀 있다. 조기 진단과 치료의 중요성을 누구보다 절실히 알고 있으면서도 고액의 치료비와 대기 시간, 정보 부족으로 고통받는 부모들의 현실은 상상 이상이었다. 아이들의 빛나는 가능성을 하나라도 놓치지 않으려면 구 차원의 선제적인 지원이 절실하다고 느꼈다.

서초구는 2021년 10월, 전국 최초로 '아이발달센터'를 개소했다. 발달 지연과 장애 위험이 있는 영유아 및 아동을 위한 전문적인 치료와 교육 시설이다. 나는 아이발달센터가 아이들이 잠재력을 발견하고 성장하는 희망의 요람이 되기를 간절히 바라면서 적극적인 지원을 하고 있다. 이곳에서 아이들은 놀이치료, 언어치료, 감각통합치료, 인지치료 등 다양한 맞춤형 재활 치료를 저렴한 비용으로 받고 있다.

"아이가 센터에 다니면서 눈에 띄게 좋아지고 있어요. 전에는 잘 웃지도 않던 아이가 이제는 제 이름을 부르며 달려올 때면, 기적 같다는 생각이 듭니다. 아이발달센터는 저희 가족에게 선물 같은 존재입니다."

한 어머니의 감격에 찬 목소리는 내겐 보람이자 큰 감동으로 다가왔다.

삶의 전 과정을 지지하다

장애인의 삶은 특정 시기에만 도움이 필요한 게 아니다. 영유아기부터 노년기까지, 생애 전반에 걸쳐 맞춤형 지원이 이루어져야 한다. '서초 아이발달센터'가 영유아기 지원의 핵심이라면, 발달장애인들의 평생 교육은 장애 정책의 또 다른 한 축이다.

서초구는 2021년 8월, '서초구 발달장애인 평생교육센터'를 개관해 발달장애인들이 성인이 되어서도 배움의 끈을 놓지 않고 사회 구성원으로서 당당하게 살아갈 수 있도록 돕고 있다. 이곳에서는 일상생활 훈련, 직업 능력 개발, 지역사회 적응 훈련, 여가 활동 등 다양한 프로그램 제공으로 발달장애인들의 자립을 돕고 있다.

"센터에 다니면서 친구도 사귀고, 새로운 기술도 배울 수 있어서 매일이 즐겁습니다. 이제는 저도 혼자서 할 수 있는 일이 많아졌어요"라는 한 발달장애인의 환한 미소는 이 센터의 존재 이유를 명확히 보여주고 있다.

서초구는 장애인들의 자립과 사회 참여를 위한 실질적인 지원을 아끼지 않고 있다. 장애인 일자리 사업을 통해 안정적인 소득을 보장하고, 맞춤형 취업 연계 프로그램을 운영하며 이들이 사회에 기여할 수 있는 기회를 확대하고 있다. '장애인 보장구 수리 지원', '장애인 콜택시 바우처' 등 이동권 보장과 편의 증진을 위한 사업도 꾸준히 추진하고 있다. 이를 통해 서초를 '장애물 없는 환경Barrier-Free'으로 만들어가고 있다.

장애인 정책의 성공은 단순히 시설과 제도를 만드는 것을 넘어, 지역사회 전체가 장애인을 이해하고 포용하는 문화를 만들어갈 때 완성된다. 나는 구민 모두가 장애인에 대한 편견을 없애고, 서로를 존중하며 함께 살아가는 공동체를 만들고자 한다. 이를 위해 장애인의 날 기념행사, 장애인 인권 교육 등을 통해 장애인에 대한 인식 개선에 힘쓰고 있다. 특히 장애인과 비장애인이 함께 참여하는 문화예술 행사와 체육 활동을 장려해 사회적 통합을 도모하고 있다.

"처음에는 장애인 친구와 어떻게 놀아야 할지 몰랐는데, 같이 축구하고 그림을 그리면서 생각보다 공통점이 많다는 걸 알게 됐어요. 이제는 우리 반에서 친한 친구 중 한 명입니다."

비장애인 학생의 이 이야기는 장애인·비장애인 통합 교육과 사회적 교류가 얼마나 중요한지를 보여주는 대표 사례라고 할 수 있다.

모두가 빛나는 서초, 미래를 향한 약속

 '서초 아이발달센터'를 비롯한 서초구의 모든 장애인 정책은, 단 한 명의 구민도 소외되지 않고 각자의 자리에서 빛을 발할 수 있는 '모두가 행복한 서초'를 만들기 위함이다. 앞으로도 장애인의 목소리에 귀 기울이고, 그들의 삶의 질 향상에 도움이 되는 실질적인 정책들을 끊임없이 발굴하고 추진하겠다.

 장애인과 비장애인이 동등하게 함께 살아가는 모습은 서초의 진정한 품격과 성숙도를 보여줄 것이다. 모두가 존중받고, 모두가 자신의 잠재력을 펼칠 수 있는 '포용 도시 서초'를 향한 나의 발걸음은 멈추지 않을 것이다. 이 약속을 지키기 위해 서초구는 오늘도 따뜻한 마음으로 구민의 행복을 짓고 있다.

서초 미래를 위한 품앗이, 서초 보육 정책

아이들은 단순한 미래 세대가 아닌, 오늘을 살아가는 우리들의 희망이자 기쁨이다. 아이들과 달리 부모들은 대부분 육아의 무게 앞에서 고군분투하고 있다. 핵가족화와 맞벌이 증가로 인해 육아는 더 이상 개인의 몫이 아니다. 우리 사회 전체가 함께 책임져야 할 과제가 되었다.

나는 서초구가 아이들에게는 마음껏 뛰놀며 꿈을 키울 수 있고, 부모님들에겐 육아의 기쁨을 온전히 누리는 든든한 버팀목이 되어야 한다고 생각한다. 서초구는 '아이 낳고 키우기 좋은 서초'를 위해 혁신적인 공동보육 시스템을 구축하고, 촘촘한 아동 케어 인프라 확충에 모든 역량을 집중하고 있다. 아이들의 해맑은 웃음이 서초의 미래를 밝히는 가장 아름다운 빛이 될 것이라는 믿음에서 시작했다.

육아의 새로운 지평, '함께키움 공동육아'

　육아는 때로는 고독하고, 때로는 막막한 여정이라고 한다. 밤늦도록 아이를 돌보고 나면 지쳐 쓰러질 것 같고, 문득 '나 혼자만 이런 어려움을 겪는 걸까'하는 외로움, 억울함이 밀려올 때도 있다. 이러한 부모들의 마음을 누구보다 잘 이해하고 있다. 그래서 부모들은 서로 의지하며 육아 정보를 공유하고, 아이들은 같은 또래와 뛰놀며 성장할 수 있는 공동체적 돌봄이 필요하다는 것을 절감했다. 이런 고민 끝에 탄생한 것이 서초구의 특화 양육 서비스인 '함께키움 공동육아'이다.

　'함께키움 공동육아'는 미취학 영유아를 둔 3~5가정이 하나의 모임을 구성해 자율적으로 프로그램을 계획하고 함께 활동하는 방식이다. 한번 상상해 보자. 공원 한구석에서 엄마들이 삼삼오오 모여 아이들을 위한 간단한 놀이 도구를 만들고, 아이들은 서로의 얼굴을 마주하며 까르르 웃음꽃을 피운다. 때로는 함께 박물관을 찾아 새로운 세상을 경험하고, 때로는 육아 서적을 읽으며 서로의 고민을 나누는 독서 모임을 갖는다. 구청은 이러한 활동에 필요한 놀이 재료비, 문화 체험비, 도서 구입비 등을 아낌없이 지원하고, 부모들의 재충전과 역량 강화를 위한 다양한 프로그램도 제공한다.

　이 덕분에 사업은 시작부터 뜨거운 호응을 얻었다. 2024년에는

140개 모임이 활동했으며, 2025년에는 지원 모임을 200개로 대폭 확대하고 있다. '함께키움 공동육아 운동회'에서는 아이들이 땀 흘리며 뛰놀고, 부모들은 서로를 응원하며 하나 되는 모습을 볼 수 있다. '우수사례 공모전'에서는 한 해 동안 쌓인 소중한 육아 경험과 지혜가 빛을 발한다. 높은 참여자 만족도와 선한 육아 공동체 문화를 자랑하는 공동육아 모임들이 서초 전역으로 확산하고 있다.

실제로 한 모임 참여 부모는 "육아 동지들끼리 한자리에 모여 소통하고 어울리는 자리가 많이 생기기를 바랐는데, 올 한 해 함께 할 수 있는 자리를 많이 만들어 주셔서 감사하다"며 진심 어린 호평을 해주었다.

이런 선제적인 보육 정책에 힘입어 서초구는 2024년 보육유공자 정부포상에서 '대통령상'을 수상하는 영예를 안았다. 서초의 공동육아 모델이 대한민국 보육의 새로운 표준이 될 수 있음을 보여주는 자랑스러운 성과이다. 또한 우리가 함께 만들어낸 기적 같은 이야기이다.

촘촘한 돌봄 인프라, 서초의 아이들을 품다

'함께키움 공동육아'라는 든든한 울타리 외에도 서초구는 아이들이 건강하게 성장하고 부모님들이 안심하고 아이를 맡길 수 있도록 다각적인 돌봄 인프라를 구축하고 있다. 마치 거대한 나무가 촘촘한 뿌리로 땅을 붙잡고 있듯이, 서초구는 아이들을 위한 촘촘한 돌봄망을 구축하고 있는 것이다.

첫째가 공동육아나눔터. 고속터미널 파미에스테이션에 위치한 '공동육아나눔터'는 아이들의 웃음소리가 끊이지 않는 활기찬 공간이다. 이곳은 단순한 놀이시설을 넘어, 부모와 아이들이 함께 쉬고 놀며 교류하는 거점이다. 아이들은 새로운 친구를 만나 사회성을 기르고, 부모들은 편안하게 육아 정보를 나누며 잠시나마 육아의 피로를 잊을 수 있다. 특히 '아빠랑 캠프', '서초힐링대디'와 같은 아빠 양육자를 위한 특화 프로그램도 있다. 이들은 아빠들이 육아에 적극적으로 참여하고 아이들과 특별한 추억을 만들 수 있도록 돕고 있다.

둘째는 초등키움센터이다. 학교를 마친 아이들이 안전하고 유익한 환경에서 시간을 보낼 수 있도록 '초등키움센터'를 구립으로 운영하고 있다. 맞벌이 부부에게는 퇴근 시간까지 아이를 안심하고 맡길 수 있는 든든한 보금자리이다. 아이들에게는 숙제도 하고 친구들과 마음껏 뛰어놀며 다양한 모임 활동을 할 수 있는 제2의 집이 되어준다. 부모들의 마음속에 자리 잡았던 '하교 후 아이는 어디에?'라는 걱정을 덜어주는 안심 공간이다.

셋째는 육아종합지원센터이다. 서초구육아종합지원센터는 영유아의 건강한 성장과 발달을 지원하고, 부모들의 양육 부담을 덜어주기 위한 포괄적인 육아 전문 기관이다. 이곳에서는 전문 상담사들이 부모들의 육아 고민을 경청하고 해결책을 제시하며, 어린이집 지원 사업을 통해 보육의 질을 높이고 있다. 또한 아이들의 창의력과 상상력을 자극하는 다양한 장난감을 대여하는 '장난감 도서관'은 아이들에게는 새로운 놀이의 기회를, 부모님들에게는 경제적 부담을 덜어주는 소중한 공간이다.

넷째는 건강부모교육 프로그램이다. 임신부부와 영유아 부모를 대상으로 운영한다. 초보 부모님들에게 든든한 나침반이 되어주고 있다. 육아서적의 권위 있는 저자와 소아과 전문의, 태교 전문가 등 최고 수준의 강사진을 초빙하여 시기별 맞춤형 교육도 제공한다. 교육을 통해 부모들은 육아에 대한 자신감을 얻고, 아이와 더욱 깊은 유대감을 형성하며 행복한 가정을 만들어갈 수 있다.

다섯째는 서리풀 악동 문화공연이다. 아이들의 눈높이에 맞춘 '서리풀 악동 문화공연'은 영유아의 상상력과 사고력을 자극하는 마법 같은 시간이다. 음악극, 매직쇼, 뮤지컬, 체험극 등 다채로운 공연은 아이들에게 잊지 못할 즐거움을 선사하고, 예술적 감수성을 키워준다. 2018년 이후 91회 공연에 6만여 명이 관람했다. 거의 모든 공연이 조기 매진될 정도로 인기가 높다. 아이들의 초롱초롱한 눈빛과 공연장을 가득 채우는 웃음소리는 이 사업의 성공을 증명하는 가장 아름다운 증거이다.

아이들의 웃음이 가득한 서초, 우리의 약속

나는 서초의 아이들이 행복하게 웃고, 부모들이 육아의 어려움 속에서도 희망을 잃지 않기를 진심으로 바란다. '영유아 공동보육 및 아동 케어'는 서초의 미래를 위한 가장 중요한 투자이자, 행복한 공동체를 만들어가는 초석이다.

  서초구는 '함께키움 공동육아'를 더욱 고도화하고, 돌봄 시설을 확충하며, 부모와 아이들에게 실질적인 도움이 되는 다양한 프로그램을 지속적으로 발굴 및 지원할 계획이다. 아이들의 웃음소리는 서초 곳곳에 울려 퍼지고, 부모님들은 육아의 행복을 만끽하는 '아이 낳고 키우기 좋은 서초'를 만들기 위해 서초구의 모든 공직자는 끊임없이 노력하고 있다. 주민의 따뜻한 관심과 참여가 서초의 아이들을 더욱 밝게 비추는 빛이 될 것이다. 이 빛은 다시 모여 서초의 미래를 환하게 밝힐 것이라고 믿는다.

따뜻한 기억 공동체,
서초 치매 안심마을

　나는 서초가 모든 세대가 함께 행복하고 존엄한 삶을 누릴 수 있는 따뜻한 공동체가 되기를 소망한다. 초고령화 사회에서 치매는 더 이상 개인과 가족의 문제가 아니다. 우리 모두가 함께 고민하고 해결해야 할 사회적 과제가 됐다. 서초구는 '치매 안심마을' 조성과 커뮤니티 케어 시스템 구축을 통해, 치매 환자와 가족이 안심하고 살아갈 수 있는 환경을 만들고 있다. 특히 지역사회 전체의 따뜻한 보살핌 속에서 존엄성을 지켜나갈 수 있도록 최선을 다하고 있다.

치매로부터 안전한 마을

"처음에는 막막하고 두려웠어요. 하지만 치매 안심마을 덕분에 혼자가 아니라는 것을 알게 되었죠."

　2018년 내곡동을 시작으로, 양재1동, 방배2동을 거쳐 2025년 서초3동까지, 서초구는 치매 안심마을을 지속적으로 확대하고 있다. 치매 안심마을은 단순히 치매 환자를 격리하는 공간이 아니다.

이곳은 우선적으로 치매에 대한 이해와 인식을 높이는 역할을 한다. 그리고 치매 환자와 가족이 지역사회 안에서 안전하고 편안하게 살아갈 수 있도록 모든 주민이 함께 노력하는 따뜻한 지역 공동체이다.

지역사회가 함께하는 돌봄, '커뮤니티 케어'

치매 안심마을에서는 작업치료사 등 치매 전문 인력이 가정을 방문하여 1:1 맞춤형 인지 재활 프로그램을 제공한다. 또한 치매 가족을 위한 심리 회복 프로그램도 운영한다. 치매 환자의 배회를 방지하기 위한 인식표와 위치 추적기를 지원하고, 안전한 주거 환경을 위한 '안심 하우스'를 조성하여 환자와 가족의 삶의 질을 높이고 있다.

특히 서초구는 치매 유병률이 높은 65세 이상 어르신들이 자주 이용하는 경로당을 '치매 안심 경로당'으로 지정했다. 이곳을 통해 치매 조기 검진, 치매 예방 프로그램, 약사 복약 지도 등 원스톱 서비스를 제공한다. 특히 치매를 조기에 발견하고 관리하여, 어르신들이 건강하고 행복한 노년을 보낼 수 있도록 지원하고 있다.

"더 이상 혼자 끙끙 앓지 마세요. 서초구가 함께 하겠습니다."

서초구는 치매 환자와 가족뿐만 아니라, 돌봄이 필요한 모든 주민이 살던 곳에서 건강하고 안전하게 살아갈 수 있도록 '커뮤니티 케어' 시스템 구축에 힘쓰고 있다. 커뮤니티 케어는 의료, 요양, 돌봄, 주거 등 다양한 서비스를 통합적으로 제공, 주민들이 필요로 하는 맞춤형 지원을 받을 수 있도록 하는 사회 서비스 시스템이다.

AI와 IoT 기술을 활용한 스마트 돌봄 서비스를 적극적으로 도입해 어르신들의 안전을 지키고 있다. 앞으로도 치매 안심마을을 확대하고, 커뮤니티 케어 시스템을 더욱 강화해 갈 계획이다. 모든 주민이 존엄하고 행복한 삶을 누릴 수 있는 따뜻한 서초를 만들어가기 위한 것이다. 치매로부터 안전하고, 서로를 보살피는 따뜻한 서초를 만들기 위한 노력은 멈추지 않아야 하고 멈추어서도 안 된다.

05

일상이
예술이 되는 서초

반포대로 문화벨트,
서초의 심장을 사로잡다

우리 서초구는 예술의전당, 국립국악원, 한국예술종합학교, 국립중앙도서관 등 대한민국을 대표하는 문화예술 기관이 집적된 유일무이한 곳이다. 그럼에도 국내 최고의 문화 자원들을 유용하게 활용하지 못해 시너지를 내지 못하는 아쉬움이 있었다. 서말 구슬도 꿰어야 보배라고 했다. 나는 이 흩어진 구슬들을 꿰어 서초의 보배를 만들기로 했다. 서초의 심장부인 반포대로 일대를 문화와 예술의 향기가 흐르는 '반포대로 문화벨트'로 잇기 시작했다. 대한민국 어느 지역에서도 범접할 수 없는 문화도시 서초의 품격에 걸맞은 문화벨트 조성 프로젝트에 나섰다.

흩어진 보석을 꿰다, 문화벨트의 시작

"구청장님, 예술의전당은 정말 멋진 곳이지만, 그 주변이 너무 삭막해서 아쉬웠어요. 공연 보고 나면 갈 곳도 마땅치 않고요. 이 좋은 문화 시설들이 좀 더 연결되면 좋겠는데…."

취임 후 구민들과 소통하며 가장 많이 들었던 이야기 중 하나다. 서초는 분명 문화 자원이 풍부하지만, 그 자원들이 섬처럼 흩어져 있다는 지적이었다. 나는 이 문제를 해결하고 서초의 문화 잠재력을 폭발시킬 수 있는 구상에 들어갔다. 그렇게 시작된 것이 반포대로를 중심으로 한 '문화벨트' 조성 프로젝트다. 마치 흩어진 별들을 이어 새로운 별자리를 만들 듯, 서초의 문화 명소들을 하나의 거대한 문화 지도로 연결하는 작업이었다.

나는 문화벨트를 단순히 길을 잇는 것을 넘어, 테마별 문화예술 타운으로 만들기로 했다. 예술의전당 일대부터 고속버스터미널 일대까지 구간을 나눠 '악기거리', '음악·축제거리', '사법정의 허브', '책문화거리', '관광·쇼핑거리' 등 총 5가지의 테마가 있는 특화거리를 조성하는 야심찬 계획이다. 이미 2018년 서울시가 예술의전당 일대를 전국 유일의 '음악문화지구'로 지정한 데 이어, 서초구도 반포대로 일대를 '문화의 거리'로 지정한 바 있다. 문화벨트 조성 작업은 탄력을 받으면서 구체화 되어 갔다.

서초3동 사거리부터 서초역 사거리까지는 '서리풀 악기거리'와 연계한 '음악·축제거리'로 조성된다. 서초역에서 예술의전당까지 1.2km 구간에 음악 조형물과 이정표가 설치되면 걷는 내내 음악의 향기를 느낄 수 있는 특별한 거리가 된다. 발걸음마다 클래식 선율이 들려오는 듯한 착각을 불러일으키는, 살아있는 음악 박물관이 되는 셈이다.

서초역 사거리 일대는 대법원·대검찰청·대한변협 등이 있어 법조타운이 형성된 점을 고려해 '사법정의 허브'로 재탄생된다. 이곳에서는 구민 누구나 사법 서비스에 쉽게 접근할 수 있도록 다양한 사법 문화 지원을 제공할 계획이다.

대법원 북쪽 국립중앙도서관 일대는 도서관과 인근 몽마르뜨공원·서리풀공원 등을 연계해 책과 함께 사색을 즐기는 '책문화 거리'로 만들 예정이다. 고속터미널역 인근에는 지하상가와 백화점·호텔 등이 있다는 점에 착안해 '관광·쇼핑 거리'로 조성된다.

새로운 문화 공간의 탄생, 서리풀터널과 정보사 부지의 변신

문화벨트의 핵심은 기존 자원 연결뿐만 아니라 새로운 문화 공간을 창조하는 것이다. 과거 40여 년간 강남 도심 한가운데를 가로막고 있던 옛 국군정보사령부 부지는 오랫동안 '금단의 땅'이었다. 그곳을 지날 때마다 느껴지던 폐쇄적인 분위기는 서초의 한가운데 놓인 미지의 공간처럼 느껴졌다. 하지만 이제 이곳은 서초의 미래를 위한 '문화예술 복합타운'으로 탈바꿈하고 있다.

서리풀터널 개통과 함께 이 부지는 서초의 새로운 문화 거점으로 떠오르고 있다. 이곳에 글로벌 비즈니스 타운과 함께, 연면적 1만㎡가 넘는 규모의 공연장과 미술관을 건립하여 복합문화공간을 창출할 계획이다. 특히 '서리풀 사운드'라는 이름으로 불리게 될 이곳은 최첨단 음향 시설을 갖춘 공연장과 다양한 장르의 예술을 품을 수 있는 다목적 공간으로 조성될 것이다.

또한, '보이는 수장고' 미술관은 서울시 대표 소장품 10만여 점을 소장하고, 미술품 복원 과정까지 100% 공개하는 혁신적인 공간이 될 것이다. "옛 정보사 부지가 공연장과 미술관으로 바뀐다니 정말 놀랍습니다. 이제 서초에서도 세계적인 문화 예술을 만날 수 있게 되겠네요! 특히 서리풀 사운드에서 어떤 멋진 공연이 펼쳐질지 벌써부터 기대됩니다"라는 구민의 기대는 내가 이 사업을 추진하는 데 큰 힘이 되어 주고 있다.

또한 국립국악원 앞 예술의전당 제1지하보도는 '서리풀 아트스튜디오'로 변신해서 주민과 청년 예술인들을 위한 연습실, 스튜디오 등으로 활용되고 있다. 어둡고 폐쇄적이었던 지하 공간이 감각적인 문화 공간으로 탈바꿈하는 것은 서초의 문화벨트가 지향하는 '공간 혁신'의 상징이다. 이곳에서 젊은 예술가들이 마음껏 창작의 날개를 펼치고, 그들의 열정이 서초의 문화에 새로운 활력을 불어 넣을 것이라고 생각한다.

사계절 문화의 향기, 서초의 품격

고속터미널역과 반포한강공원 일대가 '관광특구'로 지정된 것은 서초 문화벨트의 또 다른 큰 성과이다. 세빛섬, 반포대교, 잠수교 등 한강의 아름다운 경관과 연계하여 환상적인 관광 라인을 만들고, 서초를 세계적인 관광 명소로 거듭나게 할 것이다. "한강변에서 클래식 공연을 보고, 아름다운 야경을 감상하며 잊지 못할 추억을 만들었다. 서초가 이렇게 멋진 곳인 줄 몰랐네요"라는 외국인 관광객의 찬사는 서초 문화벨트의 성공 가능성을 보여준 또 하나의 사례다. 이곳은 서울을 찾는 모든 이들에게 잊지 못할 추억을 선사하며, K-컬처의 진정한 매력을 알리는 전초기지가 될 것이다.

'서초 문화벨트'는 서초의 도시 경쟁력을 높이고, 구민의 삶의 질을 향상시키는 핵심 동력이 될 것이다. 나는 이 문화벨트가 단순히 물리적인 공간을 넘어, 구민들이 일상에서 예술을 향유하고, 문화적 소양을 높이며, 서로 소통하고 교류하는 '문화 공동체'의 장이 되기를 희망한다.

'테마가 있는 문화벨트'를 통해 서초의 매력을 재창조하고, 사계절 내내 문화의 향기가 흐르는 예술 도시 서초를 만들어가겠다. 'K-클래식', 'K-컬처'의 중심 도시 서초구가 5개 테마로 새롭게 탄생하여 세계 속의 서초로 우뚝 서게 될 것이다. 구민의 삶에 문화와 예술이 가득 채워지는 그날까지, 모든 노력을 멈추지 않겠다.

지식과 감성이 교차하는
'서초 책있는 거리'

   서초구는 국립중앙도서관이라는 대한민국 지성의 심장부를 품고 있다. 나는 구청장에 취임한 이후, 늘 이 훌륭한 자산이 우리 구민의 삶에 어떻게 더 가까이 다가갈 수 있을까, 어떻게 하면 책이 우리 모두의 친구가 될 수 있을까를 고민했다.

   이러한 고민을 바탕으로, 반포대로 일대를 책과 문화가 살아 숨 쉬는 공간인 '책 문화의 거리'로 조성하기로 했다. 구민들이 이웃들과 같이 책을 읽으며 자신들의 가슴에, 서초의 거리에 '문화의 씨앗'을 하나하나 심으며 책과 함께 사색을 즐기는 바람을 담았다.

지성의 심장부에 문화의 숨결을 불어넣다

   "구청장님, 국립중앙도서관은 정말 웅장하고 멋진 곳이지만, 왠지 모르게 다소 딱딱하고 멀게 느껴질 때가 있었어요. 책을 읽는 것 외에 좀 더 즐길 거리가 있으면 좋겠다고 생각했어요."

취임 후 구민과 소통하며 들었던 서초의 현실에 대한 솔직한 의견 중 하나였다. 그 후, 나는 늘 두 가지 생각뿐이었다. 하나는 '서초가 가진 국립중앙도서관이라는 보물 같은 자산을 어떻게 구민의 일상으로 끌어들일 수 있을까'. 또 하나는 '어떻게 책이 자연스럽게 삶의 일부가 되게 할 수 있을까' 하는 것이었다.

나는 반포대로를 중심으로 조성되는 '서초 문화벨트'의 다섯 테마 중 하나로 '책있는 거리'를 구상했다. 독서를 세련된 활동으로 이해하는 젊은 세대의 '텍스트 힙Text Hip' 현상을 선도하며 서초를 일상속 지식과 감성이 살아 숨 쉬는 도시를 만들고 싶었다.

'책있는 거리'는 국립중앙도서관을 중심으로 서래공원 일대 510m 구간을 책 특화 거리이자 우리나라 책 문화의 거점으로 만들겠다는 야심 찬 계획이다. 이곳은 단순히 책을 빌리는 공간을 넘어, 독서 체험을 나누는 사람들로 북적이고 책을 통한 사색이 흐르는 특별한 거리가 되고 있다. 차로 가득했던 도심 속 반포대로가 책과 함께 힐링과 휴식을 즐길 수 있는 공간으로 변모하는 것이다. '책있는 거리'는 살아있는 도서관이다. 거리를 오가는 주민의 발걸음마다 새로운 지식과 감성의 이야기가 소복소복 쌓여갈 것이다.

책과 함께하는 사계절 축제

'책있는 거리'의 핵심은 '서초 책있는 거리'라는 이름으로 펼쳐지는 다채로운 독서 문화 축제이다. 나는 이 축제가 단순히 일회성 행사가 아니라, 계절마다 새로운 테마로 구민들을 찾아가는 '사계절 독서 축제'가 되기를 바란다. 2025년 5월, '북크닉$^{Book+Picnic}$'이라는 이름으로 국립중앙도서관 계단광장과 서래공원 일대가 1,000여 명의 책 나들이객으로 가득 찼던 순간은 잊을 수 없다. 잔디밭에 앉아 작가의 이야기를 듣고, 5,000권의 책이 무료로 제공되는 '서리풀 북마켓'에서 마음에 드는 책을 고르며 행복해하던 구민들의 모습은 나에게 큰 감동을 주었다.

"아이들과 함께 잔디밭에서 책을 읽고, 좋아하는 작가님도 만나니 정말 특별한 추억이 됐어요. 책이 이렇게 재미있는 건 줄 몰랐어요"라는 한 어린이의 해맑은 웃음은 나의 엔도르핀을 솟게 했다.

'풀꽃'의 나태주 시인, '불편한 편의점'의 김호연 작가, 가수인 인순이 작가 등 유명 작가들과의 북토크는 구민들에게 책 속 이야기에 대한 깊은 공감과 영감을 선사했다. '서리풀 독서골든벨'은 아이들에게 독서의 즐거움을 일깨워주었고, '거리로 나온 동네서점' 팝업 부스는 지역·독립 서점들과 상생을 도모하며 책 문화의 다양성을 더했다. '북캉스', '북캠프' 등 계절과 테마가 바뀌며 펼쳐질 앞으로의 축제들이 구민들의 기대를 한껏 높이고 있다.

책 읽는 서초, 더욱 촘촘한 독서 인프라

'책있는 거리'는 화려한 축제뿐만 아니라, 구민들이 언제 어디서든 책을 접할 수 있도록 촘촘한 독서 인프라 구축을 목표로 한다.

'책있는 거리'는 단순히 책을 읽는 행위를 넘어, 책을 통해 구민들이 소통하고, 성장하며, 함께 행복을 나누는 '문화 공동체'를 만드는 것이다.

서초구는 9개의 구립도서관을 운영하며 구민들의 독서 생활을 지원하고 있다. 특히 서리풀공원 안에 있는 '방배숲환경도서관'은 푸른 숲속에서 책을 읽는 특별한 경험을 선사한다. 자연 친화적인 공간에서 책을 읽으며 힐링하는 구민들의 모습은 내가 꿈꾸는 '책문화 도시 서초'의 한 단면이기도 하다. 또한 2자녀 이상 가정에는 도서 대출 권수를 2배로 늘려 다자녀 가구의 독서 활동을 장려하는 '서초북플러스'도 운영하고 있다.

나는 구민들이 더욱 편리하게 책을 접하고, 독서 문화를 즐길 수 있도록 도서관 시설을 확충하고 다양한 독서 프로그램을 개발해 나갈 것이다. 전자책, 오디오북 등 디지털 콘텐츠를 강화하고, '1%의 독서 비법 독서 컨설팅'과 같은 맞춤형 독서 지원을 통해 모든 구민이 자신에게 맞는 독서의 즐거움을 찾을 수 있도록 도울 것이다.

책으로 하나 되는 서초, 지식과 감성의 도시

'책있는 거리'는 단순히 책을 읽는 행위를 넘어, 책을 통해 구민들이 소통하고, 성장하며, 함께 행복을 나누는 '문화 공동체'를 만드는 것이다. 나는 이 거리가 구민들에게 지식과 감성을 충전하는 쉼터가 되고, 아이들에게는 꿈을 키우는 상상의 나래를 펼치는 공간이 되기를 희망한다.

'서초 책있는 거리'가 단순한 물리적 공간을 넘어, 책과 문화가 살아있는 특별한 장소로 기억되도록 계속해서 다양한 프로그램을 선보일 계획이다. 'K-독서문화'를 대표하는 거리로 만들어가는 것이, 나의 바람이자 서초의 꿈이다.

북페이백,
책 읽는 '4색 즐거움'

　책은 지식 전달의 도구를 넘어 삶의 지혜와 감동을 선사한다. 나아가서는 지역사회에 활력을 불어넣는 '문화의 매개체' 역할을 하기도 한다.

　고백하자면, 바쁜 구정 활동을 하다가 보면 책 한 권 편안하게 읽을 시간을 내기란 쉽지 않다. 서점은 물론 도서관에 갈 엄두조차 내지 못할 때가 많다. 그러다 문득, '우리 구민들은 어떨까'라는 생각이 들었다. 도서관까지의 접근성, 원하는 책을 바로 받아볼 수 없는 대기 시간, 책 구매에 대한 비용 부담이 독서 생활을 가로막는 걸림돌은 아닐까, 생각해 보았다.

　이런 고민 속에서 전임 구청장이 만든 전국 최초의 혁신적인 독서 진흥 제도인 '북페이백'을 떠올렸다. 북페이백 서비스는 책을 사랑하는 구민들의 마음을 사로잡으면서 독서 문화를 활성화했다. 독서 문화 확산과 함께 지역 서점과 상생하는 두 마리 토끼를 잡는 성과를 냈다.

책을 향한 갈증, 북페이백 확대에서 해답을 찾다

서초구는 2019년 당시 구청장의 주도로 전국 최초의 혁신적인 독서 진흥 제도인 '북페이백 서비스'를 시작했다. 주민이 지역 서점에서 책을 구매하고 읽은 후, 3주 이내 서점에 반납하면 구매 비용을 전액 환급해 주는 혁신적인 제도였다. 마치 동네서점을 대형 도서관의 열람실처럼 활용할 수 있는 개념이었다. 북페이백 아이디어는 2020년에 특허까지 획득하며 그 독창성을 인정받았다.

"구청장님, 아이가 읽고 싶어 하는 책이 있는데, 도서관에는 대기자가 너무 많아서 몇 달을 기다려야 한다고 해요. 새 책을 사주자니 한두 권이 아니고…."

초등학생 자녀를 둔 한 어머니께서 들려준 이야기는 내게 '북페이백' 확대 필요성을 고민하게 했다. 나 역시 학창 시절, 읽고 싶은 책이 도서관에 없어 발을 동동 구르던 경험이 있어 누구보다 그 심정을 잘 알고 있었다. 당장 보고 싶은 책을 바로 볼 수 없는 답답함과 비싼 책값에 대한 부담은 독서의 즐거움을 저해하는 큰 요소였다. 나는 이러한 문제를 해결하고 싶었다. 주민들이 원하는 책을 '무료로, 빨리, 함께, 나누며' 읽을 방법은 없을까? 이러한 고민에 대한 해답으로 전임 구청장이 만든 북페이백 서비스를 확대 발전시키자는 결정을 내렸다.

서초구는 국립중앙도서관을 중심으로 조성되는 '서초 책있는 거리'와 함께, '북크닉', '북캠프' 등 계절별 독서문화 축제를 통해 책이 일상 속 즐거움이 되는 경험을 확대해 나가고 있다. 독서 문화 향상을 위해 읽고 반납하면 연간 24권까지 책값을 돌려주는 '북페이백' 프로그램도 운영하고 있다.

'4색 즐거움'을 선사하다

'북페이백'은 구민들에게 '4색의 즐거움'을 선사하며 서초의 독서 문화를 한 단계 끌어올렸다고 생각한다.

첫째는 무료의 즐거움 때문이다. 책값 부담 없이 새 책을 읽을 수 있다는 점은 구민들에게 가장 큰 매력이었다. 한 달에 최대 3권, 연간 24권까지 이용할 수 있다. 깨끗하게 읽고 반납하면 책값은 전액 환급해 준다.

둘째는 빠른 즐거움 때문이다. 도서관 대기 없이 원하는 신간 도서를 지역 서점에서 바로 구매하여 읽을 수 있으니, 책에 대한 갈증을 즉시 해소할 수 있다.

셋째는 함께하는 즐거움 때문이다. 지역 서점에 반납된 도서는 서초구립도서관에서 재구매하여 다른 주민들에게 대여함으로써, 한 권의 책을 여러 사람이 함께 나누며 읽는 즐거움을 공유하게 된다. "제가 읽었던 책이 도서관에 비치되어 다른 분들도 볼 수 있다는 사실에 뿌듯함을 느낍니다. 마치 책이 저를 통해 새로운 여행을 떠나는 것 같아요"라는 한 구민의 이야기는 이 제도의 숨은 가치를 보여준다.

넷째는 나눔의 즐거움 때문이다. 지역 서점은 북페이백을 통해 독자들의 발길을 다시 잡고, 도서관에 반납 도서를 납품하며 매출을 올릴 수 있는 일석이조의 효과를 누리게 된다. 서초구는 현재 9곳 지역 서점과 협약을 맺고 운영하며 지역 경제 활성화에도 톡톡히 기여하고 있다.

'북페이백' 서비스는 지난 7년간 꾸준히 성장하며 서초 구민의 독서 문화에 큰 변화를 불러왔다. 지금까지 '북페이백'을 통해 신청·활용된 책은 5만여 권이 넘는다. 이 수치는 서초 구민들의 책에 대한 뜨거운 열정과 독서에 대한 갈증을 보여주는 증거이다.

나는 서초의 이러한 혁신적인 시도가 다른 지자체에도 긍정적인 영향을 미치고 있다는 점에 자부심을 느낀다. 울산시에서도 '북페이백'에서 착안한 비슷한 제도를 운용한다는 소식을 들었다. 서초가 독서 문화 분야에서 대한민국의 새로운 표준을 제시해 가고 있다는 의미다.

물론 '북페이백' 서비스가 모든 책에 적용되는 것은 아니다. 도서관 복본 규정을 초과하거나 발행 후 5년이 지난 도서, 5만 원 이상 고가의 도서, 만화책, 수험서 등은 대상에서 제외된다. 이러한 제한은 제도의 지속가능성을 높이고, 더 많은 구민이 양질의 도서를 접할 수 있도록 하기 위한 불가피한 선택이었다.

책 읽는 도시 서초, 새로운 독서 문화를 선도하다

'북페이백 제도'는 내게 '독서문화 도시 서초'를 향한 확고한 믿음을 심어주었다. 앞으로도 구민들이 책을 통해 지식과 감성을 충전하고, 서로 소통하며 함께 성장하는 행복한 독서 공동체를 만들 계획이다.

국립중앙도서관을 중심으로 조성되는 '서초 책있는 거리'와 함께, '북크닉', '북캠프' 등 계절별 독서문화 축제를 통해 책이 일상 속 즐거움이 되는 경험을 더욱 확대해 갈 것이다.

또한 '서초북플러스'와 같이 2자녀 이상 가정에 대출 권수를 2배로 늘리는 정책을 통해 모든 세대가 책과 가까이할 수 있는 환경 조성도 계속 추진한다. '좋은 책 한 권을 무료로, 빨리, 함께, 나누며 읽는 4색 즐거움'을 구민 모두가 누릴 수 있는 서초를 만들기 위해 오늘도 희망찬 발걸음을 내딛는다.

국내 최장 지하 갤러리,
'서울의 24시 벽화'와 '피카소 벽화'

　서초구 신반포로에 위치한 서울고속버스터미널을 흔히 '고터'라 부른다. 고터는 서초의 얼굴이자 서울의 관문 중 하나다. 거대한 물결이 일렁이는 것처럼 늘 전국 각지의 사람들이 오고 가고, 모이고 흩어진다. 화려한 쇼핑몰과 버스터미널 특유의 분주함이 뒤섞여 역동적이고 활기찬 에너지가 넘쳐난다.

　고터 지하에는 원베일리 아파트 단지와 한강을 지하로 연결하는 공공보행통로가 있다. 지하철역과 쇼핑몰을 연결하는 단순한 통로가 아니다. 고터(G2출구)에서 반포한강공원으로 향하는 지하 보행 통로의 중추 역할을 하고 있다. 그런데 이 공공보행통로가 대규모 재건축 사업과 함께 완전히 새로운 모습으로 탈바꿈했다. 오랜 기간 공사로 인해 막혀있던 공간이 보행 통로와 함께 예술이 숨 쉬는 지하 갤러리로 재탄생한 것이다.

　이곳은 에어컨을 틀지 않아도 시원하고 쾌적하다. 천장이 있어 비 오는 날에도 상쾌하게 산책할 수 있다. 사계절 연중 주민들에게 사랑받는 공간이 될 가능성이 매우 높다. 특히 이곳을 지나는 시민들은 단순히 한강으로 향하는 통로를 걷는 게 아니라, 예술 작품을 감상하며 문화적 경험을 만끽할 수 있게 되었다.

삶의 모든 순간이 예술이 되는 도시

'서울의 24시 벽화'는 이곳을 지나다니는 수많은 사람들에게 서울의 역동적인 생명력을 전해준다. 약 360m에 달하는 긴 통로 벽면을 가득 채운 벽화는 국내외 24인의 작가들이 참여해 각자의 독특한 시각과 색채로 서울의 24시간을 재해석했다. 나는 이 벽화를 보면서 서초가 삶의 모든 순간이 예술이 될 수 있는 도시임을 다시 한 번 느꼈다. 바쁜 출퇴근길, 혹은 한강으로 향하는 설렘 속에서 잠시 멈춰 서서 벽화를 감상하는 주민들의 모습은 일상의 감동으로 다가왔다.

서초구에 정말 뜻깊은 명소가 또 하나 탄생했다. '서울의 24시 벽화'에 이어서 파블로 루이스 피카소 벽화존이 만들어졌다. 서초구가 스페인관광청, 말라가관광청과 협업으로 서울 도심에 스페인 문화의 진수를 느낄 수 있는 피카소 벽화 프로젝트를 진행했다. '피카소 벽화'는 세계적인 그래피티 아티스트인 에두아르도 루케Eduardo Luque(활동명:라론Lalone)가 65m 벽에 피카소의 독창적인 예술 세계를 반영해 그렸다. 피카소의 고향인 말라가와 서울을 독특하게 매칭하고 있어 예술적 의미를 한층 더한다.

서초구의 명물인 '서울의 24시 벽화'와 '피카소 벽화'. 서초는 어디에서도 볼 수 없는 멋진 지하 아트 갤러리를 통해 '서초다움'을 보여주고 있다.

추상적이면서도 강렬한 색채가 뿜어내는 에너지는, 오가는 사람들의 시선을 강렬하게 사로잡는다. 피카소는 고정관념을 깨며 항상 새로운 변화를 시도했던 예술가다. 피카소 벽화존이 가장 대중적인 보행통로에 조성돼 있다는 것은, 서초 또한 늘 변화를 추구하고 주민들의 삶 속에 혁신과 품격을 불어넣으려 노력하는 도시임을 상징한다. 서울의 24시 벽화존에 이어 피카소 벽화존까지 조성되면서 서초는 어디에서도 볼 수 없는 멋진 지하 아트 갤러리를 통해 '서초다움'을 보여주고 있다.

피카소 벽화는 스페인의 이국적인 테마로 인해 주민은 물론 방문객들에게 큰 호응을 얻고 있다. 나는 벽화들 앞에서 한동안 발걸음을 떼지 못했다. 지나가는 사람들의 표정을 살폈다. 누군가는 나와 같이 잠시 멈춰 서서 벽화를 응시했고, 누군가는 휴대폰으로 사진을 찍기도 했다. 또 어떤 이들은 벽화가 있다는 것조차 모르는 듯, 자신의 목적지를 향해 바쁘게 걸음을 옮겼다. 그 풍경 속에서 우리 시대의 다양한 모습과 마주했다. 예술이 아무런 제약 없이, 누구나 지나다닐 수 있는 공공의 공간에 놓였을 때, 사람들은 어떻게 반응할까. 각자 자신의 삶의 방식과 속도에 따라 다르게 반응할 것이다. 중요한 것은 서초가 이러한 일상 속 예술을 제공하고 있다는 점이다.

서초는 경제적인 부를 넘어선 삶의 질과 품격을 중요시하는 도시다. 지하 보행 통로에 '서울의 24시 벽화'와 '피카소 벽화'를 조성했다는 그 자체로 '서초다움'을 보여주고 있다. 서초는 '모두를 위한 문화'를 실천하고 있다. 예술을 특정 계층이나 특정 공간에 가두지 않고, 가장 많은 사람이 오가는 일상의 공간에 과감히 조성한 것도 그래서다. 일상에서 예상하지 못한 아름다움과 사색의 기회를 선사하는 것이야말로 '삶의 질'을 높이는 길이라고 생각한다.

이곳은 2024년 12월, 고터·세빛 관광특구로 지정됐다. 약 500m에 달하는 국내 최장 거리의 아트 갤러리가 조성되면서 서초의 새로운 랜드마크이자 문화관광 명소로 자리매김했다. 이곳을 지나다니는 시민들은 단지 한강으로 가기 위해 지하 보행 통로로 걷는 게 아니다. 예술 작품을 감상하고 새로운 문화적 경험을 하게 되는 또 하나의 문화 아이콘을 만들어가고 있다.

내 마음의 버킷리스트 No.1

구청장이 되어 만난 모든 인연이 소중하지만, 학창 시절 추억이 있어 더욱 손꼽게 되는 분이 있다. 2024년 10월, '내 마음의 버킷리스트 No.1' 그분을 드디어 만났다. 예술의전당 한가람디자인미술관에서 '성파 선예 특별전 – COSMOS' 전시회가 열린다는 반가운 소식을 들었다. 구룡사 정우 큰스님의 감사한 연결 덕분에, 조계종 종정 예하 성파 스님과 귀한 차담을 나눌 수 있게 된 것이다.

두근두근 설렘 반, 기대 반의 마음을 안고 예술의전당으로 향했다. 차담에 앞서 전시회 작품부터 감상하는 게 순서. 예술과 수행을 넘나드는 작품들의 아우라에 감탄을 넘어 감동이 밀려왔다. 차마 무료 전시로 감상하기 송구스러울 정도였다.

성파 스님의 수행 인생이 오롯이 담긴 작품들은 나로 하여금 절로 고개를 숙이게 했다. 구청장으로서 임기 절반인 만 2년 반환점

성파 스님은 '내 마음의 버킷리스트 No.1'이다. 예술의전당에서 전시회를 여는 소식에 찾아뵙고 귀한 차담을 나눌 수 있었다. 이심전심. 스님의 따뜻한 미소가 마음을 어루만지는 듯 깊은 위로를 주었다. 아래 사진은 사무실에 걸어둔 '운출동중명(雲出洞中明)'이라는 성파 스님의 친필 휘호.

을 돌던 시점, 참으로 시의적절한 전시회였다. 스님의 묵직한 작품들은 내게 '흐릿해진 초심을 다시 밝혀 더욱 힘차게 나아가라'는 말씀처럼 다가왔다.

아티스트 성파 종정 스님께서는 내 모교 부산 해동고의 이사장이셨다. 학창시절, 참선 시간에 꾸벅 졸던 나를 깨운 죽비소리 이야기에 차담실에는 웃음꽃이 활짝 피었다. '평상심'과 '날마다 좋은 날' 말씀도 주시고, 특별한 인연에 더욱 반가워하시며 옻으로 염색해 만든 스카프도 주셨다. 이심전심, 스님의 따뜻한 미소가 마음을 어루만지는 듯 깊은 위로를 주었다.

'운출동중명(雲出洞中明)'의 깊은 뜻

전시회에 다녀온 후, 41만 서초 구민도 함께 행운을 누릴 수 있도록 서초구 소식지와 구청 게시판, 주민센터 등 여러 곳에 전시회를 홍보했다. 특별전이 성공적으로 열렸다는 소식을 듣고 '구민들에게도 스님의 뜻이 잘 전달되었겠구나' 하는 생각에 정말 기뻤다.

성파 스님께서는 영광스럽게도 친필 휘호까지 선물해 주셨다. '운출동중명(雲出洞中明)'이라는 선어가 적힌 휘호를 보며 스님의 깊은 뜻을 헤아려 보았다. 문득 '눈과 귀를 열고 구청장으로서 소임에 충실하라'는 당부가 아니셨을까, 하는 생각이 들었다. 대단한 성과

보다 중요한 것은, 구민 행복을 최우선하겠다는 '초심'을 잃지 않는 것임을 다시 한번 깨달았다. 스님의 휘호는 집무실 벽에 걸어두고, 아침저녁으로 보며 초심을 다지고 있다. 존경하는 종정 예하 성파 스님께서 다음에 뵐 때까지 부디 건강하게 지내시길 바란다.

3부

품격 있는 글로벌 미래 도시 서초

01

AI · 데이터 기반의
스마트 행정 도시

세계가 인정한 혁신 도시, 서초

민선 8기 들어서 서초가 이뤄낸 수많은 성과 중에서 여러 국제기구로부터 받은 수상들은 내게는 더없는 자부심이자 앞으로 구정을 펼쳐나갈 원동력이 되고 있다. 국제적인 인정은 화려한 트로피 하나를 더하는 그 이상이다. 우리 서초가 추구하는 가치와 정책들이 세계적인 표준에 부합하며, 인류 공동의 목표에 기여하고 있음을 의미한다. 또한 우리 구민 한 분 한 분의 삶의 질이 세계적인 수준으로 높아지고 있음을 방증하는 것이기도 하다.

작은 도시의 큰 꿈, 세계 무대에 서다

"구청장님, 서초구가 국제적인 환경상까지 받았다니 정말 자랑스럽습니다. 우리 동네에서 시작된 작은 활동들이 세계적으로 인정받는다고 생각하니 더 열심히 참여해야겠다는 생각이 들어요."

지역 행사장에서 만난 한 주민이 내게 한 말이다. 예전 같으면 서울의 한 자치구가 국제 무대에서 수상하기란 상상하기 어려웠다. 지구촌이 세계화가 되면서 많이 달라졌다. 세계는 넓고 배울 것은 많아지면서 나는 해외 선진 사례들을 벤치마킹했다. 서초의 특성에 접목해 세계적인 모범이 될 수 있는 정책들을 적극 추진했다. 그 결실들이 하나둘 국제적인 수상으로 이어지면서 서초는 '작지만 강한 도시', '세계가 주목하는 혁신 도시'로 발돋움하고 있다.

세계가 인정한 친환경 도시, 푸른 서초

서초가 세계적으로 인정을 받은 것 중 하나는 '환경' 분야이다. 기후 위기 대응과 지속가능한 발전에 대한 전 지구적인 요구 속에서, 서초는 선도적인 친환경 정책들로 인해 국제사회로부터 주목을 받고 있다. 대표적인 것이 '그린월드 어워즈 Green World Awards' 수상이다. 서초구는 세계 4대 국제환경상 중 하나로 꼽히는 '그린월드 어워즈'에서 2년 연속 수상하는 쾌거를 이루었다. 2024년에는 '양재천 생태하천 복원사업'으로 은상을 수상했다. 도시 속 생태계 복원과 자연 친화적인 도시 환경 조성에 대한 노력을 인정받았다. 깨끗한 물이 흐르고 다양한 동식물이 서식하는 양재천은 이제 서초의 자랑을 넘어 세계적인 생태하천 모델로 주목받고 있다. 2025년에는 '방배숲환경도서관'이 지속가능발전 분야 은상을 수상했다. 태양광 발전, 자원순환존, 제로웨이스트 카페 운영 등 친환경 시스템을 적극적으로 도입해 연간 온실가스 2만kg 이상을 줄이는 데 기여한 공로를 인정받았다. 전 세계 환경 모범 사례집인 '그린북'에도 수록되는 영예를 안았다. 서초의 공공시설이 환경보호의 전진기지이자 주민 환경 교육의 장이 될 수 있음을 보여주는 성공적 사례다.

또 하나는 '그린 애플 어워즈The Green Apple Awards' 수상이다. 서초구의 친환경 정책은 '그린 애플 어워즈'에서 무려 5년 연속 수상이라는 전례 없는 기록을 세웠다. 특히 2023년에는 3관왕을 차지하며 환경 분야의 독보적인 위상을 입증했다. '양재천 생태하천 복원사업'이 금상을, '참 착한 서초코인'과 '장난감 수리센터' 사업이 각각 은상과 동상을 수상했다. '참 착한 서초코인'이 탄소중립 실천과 같은 선한 활동에 보상을 제공하며 주민들의 자발적인 환경 참여를 유도하는 스마트 행정 사례로 국내외에서 인정받았다는 점은 큰 의미가 있다.

"우리 동네에 생긴 탄소제로샵에서 아이스팩을 가져다주니 착한 코인이 적립되고, 그 코인으로 필요한 물건을 살 수 있어서 일석이조예요. 이런 작은 실천이 국제적인 상까지 받았다니 정말 놀랍습니다"라며 수상 소식을 들은 주민은 너무 기쁘고 장하다며 나에게 축하의 인사를 전해왔다. 국제환경상 수상으로 주민 실생활에 와 닿는 정책의 중요성을 다시 한번 살펴보게 됐다.

스마트 혁신, 세계로 뻗어나가다

서초는 친환경 도시에 이어 '스마트 도시'로서의 역량도 세계적으로 인정받고 있다. 서초구는 영국표준협회^{BSI}가 부여하는 스마트 도시 국제표준(ISO 37106) 심사를 통과하여 '레벨4' 인증을 유지했다. 이는 국내 지자체 중 최고 수준의 인증으로, 서초의 스마트 도시 운영과 서비스가 글로벌 기준에 부합한다는 의미다. 스마트 CCTV, AI 홍수예보 시스템, 스마트시니어 돌봄 플랫폼 등 첨단 기술을 활용한 주민들의 안전과 편의를 증진하는 서초의 노력은 이젠 세계적으로 모범 사례가 되었다.

나는 2024년 11월 스페인 바르셀로나에서 열린 세계 최대 규모의 스마트시티 국제 박람회인 '스마트시티 엑스포 월드 콩그레스[SCEWC]'에 참가했다. '성숙한 스마트시티 서초'라는 주제의 기조연설을 통해 서초의 디지털 포용 정책들을 전 세계에 알렸다. QR코드를 활용한 '디지털민원실', 발달장애인 숲 체험 활동인 '서리풀 숲속 상상학교', 노인과 장애인의 디지털 접근성을 높이는 '숨통공간'과 '스마트 시니어 온라인 플랫폼', 선한 영향력이 선순환되는 '착한 서초코인' 등 서초의 혁신적인 정책들을 소개했다. 또한 다른 도시들의 우수한 정책 사례도 살펴볼 수 있는 소중한 시간이 됐다.

인간 중심 복지의 국제적 인정 : WHO와 유니세프

서초구는 모든 세대가 행복한 도시를 만들기 위한 인간 중심의 복지 정책으로도 국제사회의 인정을 받고 있다. 서초구는 2020년 세계보건기구[WHO] '고령친화도시 국제네트워크[Global Network of Age-friendly

Cities and Communities'에 가입한 이후, 2023년 '고령친화도시' 2기 재인증에 성공하여 2027년까지 자격을 유지하게 된다. 이는 '나이 들어가는 것이 즐거운 서초'라는 비전 아래, 8대 영역 63개의 세부 사업으로 구성된 '제1기 고령친화도시 실행계획'을 성공적으로 마무리한 결과이다. 특히 전국 최대 규모의 어르신 복합복지타운 건립, 치매가족을 위한 서초형 치매예방·관리 사업, 4차 산업혁명 기술을 접목한 스마트시니어 사업 등은 국제네트워크 관계자들의 높은 평가를 받았다.

우리 아이들의 권리가 존중받고 행복하게 성장할 수 있는 환경 조성을 위한 노력 또한 국제적인 인정을 받았다. 2022년 12월 유니세프 UNICEF 로부터 '아동친화도시 Child-Friendly City' 인증을 획득했다. 아동의 놀 권리 보장, 아동 권리 증진을 위한 부모 교육, 영유아 장애 예방 시설인 '서초아이발달센터' 운영, 공공형 실내놀이터인 '서리풀 노리학교' 운영 등 아동친화도시 조성을 위한 다각적인 노력을 기울인 결과이다.

세계와 함께, 미래를 향한 서초의 약속

서초구가 각종 국제기구로부터 받은 수상과 활발한 국제 교류 활동은 구민의 적극적인 참여와 관심, 공직자 한 사람 한 사람의 헌신적인 노력이 만들어낸 값진 결과다. 나는 서초의 이러한 성과에 안주하지 않을 것이다. 서초구는 유네스코로부터 직접 상을 받지 않았지만, 유네스코의 가치를 공유하고 인류 문화유산 보존 및 교육 협력에 적극적으로 참여하고 있다. 이는 서초구가 지향하는 글로벌 시민의식과 지속가능한 발전을 위한 중요한 노력의 일환이다.

내곡동에 위치한 '헌인릉'은 2009년 유네스코 세계문화유산으로 지정되어 세계적인 가치를 인정받았다. 서초구는 이곳의 보존과 관리에 힘쓰며 조선 왕실의 제례 문화를 계승하기 위한 노력에도 힘을 쏟고 있다. 헌릉에서 열리는 태종대왕 기신제에 초청받아 초헌관으로 봉행했다. 우리 지역 고유의 문화유산과 전통 행사를 보존하고 역사적 가치를 온전히 계승해 나갈 수 있도록 최선을 다하고 있다.

유네스코 교육 이념을 실천하기 위한 국제 협력에도 활발히 참여하고 있다. 2024년 4월, 서초구는 유네스코한국위원회, 유네스코가나위원회 등과 3자간 교육교류 추진을 위한 업무협약을 체결하여 한국과 가나 학생들 간의 국제 교류를 지원하고 있다. 미래 세대가 평화와 문화 다양성을 배우며 지구 공동체에 이바지하는 세계 시민으로 성장할 수 있도록 협력하고 있다. 환경보호, 스마트 혁신, 따뜻한 복지, 인류 문화유산 보존과 국제 교육 협력이라는 5개 축을 중심으로, 구민 모두가 소외되지 않고 자신의 삶을 마음껏 펼칠 수 있는 서초를 만들어가고자 한다.

전국 최초 디지털민원실,
구민 삶을 스마트하게

예전 구청이나 주민센터를 방문할 때마다 길게 늘어선 줄, 복잡한 서식 작성, 수많은 종이 서류를 보면 답답할 때가 한두 번이 아니었다. 주민들이 겪을 불편함은 나에게도 큰 숙제였다. '어떻게 하면 주민이 더 쉽고 빠르게 행정서비스를 이용할 수 있을까'라는 고민을 끊임없이 해왔다. 오랫동안 가슴을 답답하게 하던 그 문제의 해답을 마침내 찾았다.

'디지털 혁신'이었다. 주민들이 가장 많이 찾는 민원실을 종이 서류와 기다림이 없는 디지털민원실로 바꾸기로 했다. 스마트 기술로 구민의 삶을 더욱 편리하게 하는 '서초 디지털민원실'을 전면적으로 개편하여 민원 행정의 새 시대를 열었다.

종이 서류의 벽을 허물다, 스마트폰 하나로 민원 OK

"구청장님, 예전에는 민원서류 하나 떼려면 한참 기다려야 하고,

글씨도 작아서 서식 작성하는 게 여간 힘든 일이 아니었어요. 그런데 이제는 스마트폰으로 척척 되니 정말 세상이 달라졌네요."

2024년 6월, 서초구청 OK민원센터에서 '전자민원서식 작성 시스템'을 시범 운영할 때 만난 한 어르신의 환한 미소는 디지털민원실의 성공 가능성을 확신시켜 주었다. 그동안 민원실의 풍경은 대체로 낯설고 불편했다. 수많은 종이 서류와 복잡한 절차, 게다가 디지털 기기에 익숙하지 않은 어르신들에게 민원실은 높은 장벽이었다. 이제 서초구의 모든 민원 창구는 스마트 기술을 적용한 '디지털민원실'로 전면 업그레이드되었다.

구청과 보건소, 동 주민센터까지 총 189개 모든 창구에서 종이 신청서 대신 스마트폰과 QR코드를 활용해 간편하게 민원 신청서를 접수할 수 있게 됐다. 민원실에 비치된 QR코드를 휴대폰 카메라로 스캔하면, 원하는 민원 서식을 스마트폰으로 바로 작성할 수 있다. 심지어 구청에 오기 전에 집에서 미리 작성해 두고 방문할 수도 있다. 당연히 민원 대기 시간은 예전의 절반으로 줄었다. 시범 운영 동안 민원 대기 시간은 30분에서 15분으로 50% 단축되었다. 이용자 만족도는 91%에 달하는 놀라운 성과를 거두었다.

대리인이 신청할 때 필요한 위임장도 가능하다. 도장 스캐너를 통해 도장 이미지를 전자화하여 전송하면 신청서와 위임장에 중복된 내용은 자동으로 입력되니 번거로움은 사라지고 업무 처리는 간편해졌다. 주민등록등·초본과 가족관계증명서 발급부터 식품 영업

서초구의 AI민원안내로봇 '행복이'의 모습. 서초구는 주민들이 가장 많이 찾는 민원실을 종이 서류와 기다림이 없는 디지털민원실로 바꾸고 구청과 보건소, 동 주민센터까지 총 189개 모든 창구에서 종이 신청서 대신 스마트폰과 QR코드를 활용해 간편하게 민원 신청서를 접수할 수 있도록 했다.

신고, 통신판매업 변경 신고 등 총 186종의 민원 사무를 디지털민원실에서 처리할 수 있게 됐다.

효율성과 환경 보호를 동시에, '종이 없는 민원실'의 가치

'디지털민원실'은 단순히 구민의 편의만을 위한 것이 아니다. 행정 효율성을 높이고 환경보호에도 기여하는 지속가능한 사회를 위한 정책이다. 민원인이 제출하는 모든 서류는 접수 즉시 스캔하여 전자화하고 업무 관리 시스템에 저장된다. 그동안 민원서류 보관을 위해 사용했던 약 120평의 문서고 공간을 절약할 수 있게 되었다. 민원 신청서 인쇄 비용은 연간 2,000만 원 이상 절약할 수 있을 것으로 분석됐다.

이러한 서초구의 혁신적인 시도는 우수성을 인정받아 행정안전부 주관 '2023 디지털 지방정부 우수사례 경진대회'에서 최우수상인 행정안전부 장관상을 받았다. 서초구가 디지털 행정의 선두 주자임을 입증하는 자랑스러운 성과이다.

스마트 서초의 지속적인 진화, 소통을 더하다

"민원 결과를 우편으로 기다리느라 애를 태웠는데, 이제는 문자로 바로 알려주니 정말 편하고 좋아요. 궁금한 점도 바로 답장으로 물어볼 수 있어서 답답함이 없네요."

민원 신청만큼 중요한 것이 바로 민원 처리 결과에 대한 신속한 안내다. 서초구는 민원 결과를 우편 대신 문자로 간편하게 전송하고, 바로 답장도 가능한 '서초 스마트 문자 통지 서비스'를 시행하고 있다. 이제 구민들은 우편물을 기다릴 필요 없이, 휴대폰으로 실시간 민원 처리 상황을 확인하고 궁금한 점을 바로 문의할 수 있다. 구청과 주민 모두가 신속하고 편리하게 소통하는 '스마트 행정'의 또 다른 모습이다.

'디지털민원실'은 서초구 행정 혁신의 시작이다. 다양한 디지털 기술을 민원 서비스 전반에 접목해 주민이 일상에서 더욱 편리하고 스마트한 삶을 누리도록 하겠다. 정보 취약계층을 위해서는 안내 직원을 배치하는 기존 방식의 민원 처리도 병행하고 있어 모든 주민이 디지털 혜택을 누릴 수 있도록 세심한 배려도 잊지 않았다. 서초의 디지털민원실은 앞으로 더욱 편리하고 투명한 행정서비스로 주민의 든든한 동반자가 될 것이다. 주민의 삶을 더욱 풍요롭게 만드는 '스마트 서초'를 위해 서초구 모든 공직자는 끊임없이 도전하고 발전해 나갈 것이다.

서초의 미래, 양재 AI미래융합혁신특구

인공지능^{AI}은 더 이상 먼 미래의 기술이 아니다. 급속한 기술 발전과 함께 이미 우리의 일상 깊숙이 들어와 활용되고 있다. 서초구 폐쇄회로TV^{CCTV} 5,000여대 중 약 1,000대가 지능형 CCTV로 운영 중이고, 식당에서는 테이블 오더로 주문해 서빙로봇에게 음식을 전달받는 게 일상이다. 이러한 인공지능 변혁의 길목에 서초 양재가 있어 더욱 뜻깊다.

AI 산업은 대한민국의 미래 경쟁력이 되고 있다. 테헤란로와 판교 중간에 위치한 '양재 AI미래융합혁신특구'가 그 중심이 될 것으로 확신한다. 서초구는 2024년 11월 28일 중소벤처기업부 제57차 지역특화발전특구위원회에서 양재·우면동 약 40만㎡ 규모 부지에 전국 최초로 '양재 AI 특구' 지정 최종 승인을 받는 쾌거를 거뒀다.

'양재 AI 특구'에는 이미 현대·기아자동차는 물론, 삼성·LG·KT 등 연구개발^{R&D}단지, 첨단 스타트업 등 500여 개 기업과 우수 인재가 모여 있다. 특구 지정으로 인해 우수 인재와 연구 인프라가 집적된 이곳은 날개를 달게 됐고, 서초구는 특구를 중심으로 서초형 AI 행정을 확대해 지속 가능한 AI 기반 스마트 도시로 거듭날 수 있게 됐다. 자타 공인 인공지능 산업의 중심지로 서초의 100년 먹거리 사업을 확보한 셈이다.

양재, AI 혁신의 심장으로 다시 뛰다

"구청장님, 양재동에 AI 특구가 생긴다니 정말 기대됩니다. 저희 회사도 AI 기술 개발에 관심이 많은데, 서초에서 새로운 기회를 찾을 수 있을 것 같아요."

양재동의 한 중소기업 대표가 내게 건넨 말을 듣고 '양재 AI미래융합혁신특구' 지정의 의미를 다시 한번 되새겨 보았다. 중소벤처기업부의 특구 지정 소식을 접했을 때, 내 가슴은 뜨거운 희망으로 벅차올랐다. 양재·우면동 일대에 전국 최초로 AI 분야 '지역특화발전특구'가 지정된 것은 서초의 미래를 위한 역사적인 전환점이라고 생각한다. 이는 서초구가 가진 AI 관련 지역 특화성과 잠재력을 국가적으로 인정받은 결과이다.

특구로 지정되기까지 10년에 걸친 끈기와 정성이 있었다. 서초구는 서울시와 원팀으로 움직이며 특구 지정을 담금질했다. 구청장으로 취임한 후 전담 태스크포스TF팀을 신설하고 특화사업과 규제특

2025년 1월 15일, '찾아가는 전성 수다'의 일환으로 양재동에 위치한 서울 AI 허브를 현장 방문했다.

례 발굴 등 구체적인 청사진을 그렸다. 서울시를 비롯한 중기부, 카이스트 등 관련 기관과 수차례 설득 및 협의하는 과정도 이어 갔다.

'양재 AI 특구'에서는 특허법, 출입국관리법 등 6개 규제 특례가 적용된다. 예를 들어 특허 출원 시 우선 심사를 통해 기술이전이나 산업화에 소요되는 시간은 단축된다. 특구 내 해외 우수 인력에 대한 비자 발급 기준이 완화되고 체류 기간은 연장되어 글로벌 인재 유치에 큰 도움이 된다. 이는 과거 실리콘밸리가 혁신 기업의 요람이 되었듯, 양재 AI 특구가 대한민국 AI 산업의 '실리콘밸리'로 성장할 수 있는 제도적 기반을 마련한 것이다.

앞으로 5년간 인공지능 전문 인재 양성, 스타트업 창업과 기술혁신 지원 등 특구 활성화를 위한 15개 특화사업이 추진된다. 총사업비 2,586억 원이 투입되고 각종 맞춤형 규제 특례 등으로 세계 최고 수준의 AI 산학연 생태계가 조성돼 글로벌 AI 산업 거점으로의 도약이 기대된다.

서초구는 2030년까지 1,000개 이상의 AI 기업을 유치할 계획이다. 양재 일대에 세계적 수준의 AI 산업 생태계가 조성되면 양재·우면동은 우리나라가 미국, 중국에 이은 인공지능 3대 강국으로 도약하는 전진기지가 될 것으로 믿는다. 양재는 지금 대한민국의 AI 미래를 이끌어갈 심장부로 힘차게 뛰기 시작했다.

AI 생태계의 구심점, 인재 양성부터 기업 성장까지

"저는 AI 분야에서 일하고 싶은데, 어디서부터 시작해야 할지 막막했어요. 비전은 있지만, 현실적인 벽에 부딪히곤 했죠. 그런데 서초 AI 칼리지 덕분에 꿈을 키울 수 있게 되었습니다. 이제는 제 손으로 직접 AI 모델을 만들고 싶다는 구체적인 목표가 생겼습니다."

AI 산업의 핵심은 결국 '사람'이다. 서초구는 AI 인재 양성에 아낌없이 투자하고 있다. 카이스트와 협력하여 운영하는 AI 전문인재 양성 과정인 '서초 AI 칼리지'를 통해 2030년까지 AI 인재 1,000여 명 이상을 양성하겠다는 목표를 갖고 있다.

AI 스타트업의 창업과 성장을 위한 전 주기적 지원 시스템도 구축하고 있다. 서울시장의 '서울 AI 비전' 발표대로 양곡도매시장 이

전 부지에 들어설 연면적 27만㎡ 규모의 'AI 서울 테크시티'는 산학연 융복합 생태계의 핵심 거점이 될 것이다. 이곳은 단순한 업무 공간을 넘어, 혁신적인 아이디어가 자유롭게 교류하고, 창의적인 협업이 이루어지는 '열린 연구실' 역할을 하게 된다. 2025년 말 준공 예정인 강남데이터센터GDC 오피스동과 공공기여동에 '우수기업센터'와 '특구운영센터'가 개소하면 AI 기업들이 안정적으로 연구하고 성장할 수 있는 최적의 인프라를 제공하게 될 것이다.

AI 스타트업 육성을 위해 5년간 1,100억 원 규모의 펀드를 조성하고 있다. 투자금의 200%를 서초구 내 기업에 재투자하는 방식으로 AI 생태계의 선순환 구조를 만들 것이다. 이는 유니콘 기업(기업가치 1조 원 이상의 비상장 스타트업)이 서초에서 탄생할 수 있는 비옥한 토양이 될 것이다. 나는 서초의 젊은 인재들이 이곳에서 마음껏 꿈을 펼치고, 세계를 놀라게 할 혁신을 만들어낼 것이라고 확신한다.

우리의 일상에 스며든 AI, 스마트 서초의 미래

"구청장님, 지난 여름 갑자기 비가 쏟아졌을 때, 휴대폰으로 '양재천 수위 상승, 즉시 대피하세요'라는 문자가 왔어요. 덕분에 미리 안전한 곳으로 피할 수 있었죠. 얼마 전에는 구청 민원실에서 스마트폰으로 서류를 척척 작성해서 기다리는 시간도 확 줄었고요. AI가 우리 삶을 이렇게 편리하고 안전하게 바꿔줄 줄은 몰랐습니다."

양재 AI 특구는 단순히 산업 발전에만 기여하는 게 아니다. AI 기술은 서초구 행정 전반에 스며들어 구민의 삶을 더욱 안전하고 편리하게 만들어 가고 있다. 나는 '사람과 도시에 잘 응답하는 화답 행정'을 구정 철학으로 AI 기술을 활용한 '서초형 AI'를 구정 곳곳에 도입하고 있다.

장마철 침수 예방에도 AI가 활용된다. AI 홍수 예보 시스템을 통해 하천 수위 변동을 더욱 빠르고 정확하게 예측하고, AI 영상 분석 기반 실시간 혼잡도 관제시스템으로 인파 밀집도를 분석하여 재난 사고를 선제적으로 예방할 수 있다. AI 기술이 접목된 '디지털민원실'을 통해 AI는 구민의 안전과 삶의 질을 높이는 든든한 동반자가 되고 있다.

'양재 AI 특구'는 서초의 미래를 위한 가장 중요한 투자이자, 대한민국 AI 산업의 새로운 역사를 써 내려갈 전진기지가 될 것이다. 양재 AI 특구는 서초의 꿈이자, 대한민국의 미래를 밝히는 희망의 빛이 될 것이다.

AI의 길은 서초로 통한다

올해 노벨상은 물리·화학상이 단연 화제였다. 기초연구에만 주목하던 관행을 깨고 인공지능AI 과학자들이 상을 휩쓸어, 미래 기술의 정점이 'AI 혁명'임을 전 세계에 증명했다. 인공신경망을 이용한 AI 머신러닝(기계학습)의 기초를 닦은 학자들이 올해 노벨 물리학상을 거머쥔 데 이어 AI를 이용해 단백질 구조를 예측·설계, 신약 개발에 혁신적 지평을 열게 한 연구자들이 노벨 화학상의 주인공이 됐다. AI가 노벨상을 받았다는 말이 과언이 아닌 셈이다.

인공지능은 이미 우리 일상 깊숙이 스며들어 도시의 내일을 바꾸고 있다. 서초구 폐쇄회로TV^{CCTV} 5,000여대 중 약 1,000대가 지능형 CCTV로 운영 중이고, 식당에서는 테이블 오더로 주문해 서빙로봇에게 음식을 전달받는 게 일상이다. 이러한 인공지능 변혁의 길목에 서초 양재가 있어 더욱 뜻깊다.

지난달 서초구는 양재·우면동 일대 약 40만㎡ 지역이 전국 최초 'AI 특구'로 지정되는 쾌거를 거뒀다. 중소벤처기업부 지정 '양재 AI미래융합혁신특구'에는 이미 현대자동차는 물론, 삼성·LG·KT 등 연구개발^{R&D}단지, 첨단 스타트업 등 500여개 기업과 우수 인재가 모여 있다. 이번 지정으로 자타 공인 인공지능 산업의 중심지로 서초의 100년 먹거리 사업을 확보한 것이다. AI 전문인재 양성 및 인프라 구축, 스타트업 창업·연구개발 활성화 지원 등 다양한 특화사업으로 날개를 달게 됐다. 특구에서는 기업 성장을 저해하는 특허법, 출입국관리법 등 6개 규제에 대한 특례를 적용받게 된다. 특허출원 우선심사로 기술이전 속도를 높이고, 외국인 사증 발급절차 완화와 체류기간 연장을 통해 해외 우수인력 유치에도 우위를 점하리라 기대된다.

이러한 특구로 지정되기까지 10년에 걸친 끈기와 정성이 있었다. 서초구는 서울시와 원팀으로 움직이며 특구 지정을 담금질했는데, 구청장으로 취임한 후 전담 태스크포스팀을 신설하고 특화사업과 규제특례 발굴 등 구체적인 청사진을 그렸다.또한 서울시를 비롯한 중기부, 카이스트 등 관련 기관과 수차례 설득 및 협의하는 과정도 이어 갔다.

이와 함께 주민들이 일상에서 AI 시대를 체감하도록 힘썼다. 우회전 교통사고가 빈번한 횡단보도 교통섬에는 AI차량 감지안내로 사고 위험을 줄이고, 지능형 CCTV 선별관제로 범죄자나 실종자를 신속히 발견하는 스마트허브센터도 운영 중이다. 이렇듯 서초 곳곳에 흐르는 AI의 물길이 드디어 특구라는 기회의 바다에 닿았다고 생각한다.

서초구는 이번 특구 지정으로 1,000명 이상의 고용창출과 4,100억원의 경제적 효과를 내다보고 있다. 핵심 앵커시설인 '서울 AI 허브'와 '공군 AI 신기술융합센터', '국가 AI 연구거점'이 차례로 문을 열면서 세계적 수준의 산·학·연·군 협력 생태계로 진화 중이다.

여기에 2030년쯤 'AI서울테크시티' 같은 공공 앵커시설과 위례과천선 '서울 AI 허브역'(가칭) 등 2개의 지하철역이 들어서게 된다. 특구와 접한 '양재 ICT 특정개발진흥지구'도 내년 지정을 목표로 전심전력을 다하고 있다. 이를 통해 양재 AI 특구의 배후지 역할과 더불어 연계산업 육성의 시너지 효과를 내리라 기대된다. 으로 서초의 꿈 '양재 AI 특구'는 서울과 대한민국의 미래가 되어 세계적인 기업과 인재가 모이는 글로벌 혁신 거점으로 새로운 길을 만들어갈 것이다.

(서울신문, 2024.12.17.)

스마트 행정 혁신, 서초의 미래를 바꾸다

언론을 비롯한 여기저기서 스마트 AI 융합시대라고 이야기한다. 문제는 AI 등 첨단 기술이 주민들의 삶에 어떻게 스며들어 '서초다움'을 빛나게 하느냐다. 현장에 나가 주민과 함께 해답을 찾아가는 화답 행정이 AI시대라고 다르지 않다. 데이터와 인공지능이 주민의 삶을 예측하고, 불편을 해소하며 새로운 가치를 창출하는 '스마트한 현장'에서 시작되어야 한다. 내게 스마트 혁신은 서초의 미래를 위한 선택이 아닌 필수이자, '더 나은 삶'에 대한 주민과의 약속을 실현하는 현장이다.

서초의 스마트 행정은 삶을 변화시키는 기술

내가 스마트 행정에서 가장 먼저 집중한 것은 주민들의 안전과 편의를 위한 AI 기반 행정서비스였다. 디지털 기술이 주민 한 사람이라도 소외시키지 않고 골고루 혜택을 받을 수 있도록 노력했다.

서초구에는 989대의 AI 기반 CCTV가 설치되어 있다. 이 CCTV는 단순 감시를 넘어, 배회, 쓰러짐, 침입 등 이상 행동을 실시간으로 감지하여 관제센터에 알리도록 되어 있다. 특히 강남역 일대 9개소에는 AI 영상 분석 기반의 실시간 혼잡도 관제시스템을 구축했다.

$1m^2$당 인파 밀집도를 자동 분석하고, 긴급 상황 시에는 유관 기관에 자동으로 전파돼 재난 사고에 선제적으로 대응할 수 있다. 2022년 여름 집중폭우 당시 강남역 일대의 침수 피해를 겪으면서, 이러한 예측 가능한 스마트 안전 시스템의 중요성을 더욱 절감했다.

하천 진출입 원격차단시스템에도 첨단기술이 도입됐다. 양재천, 여의천, 반포천 등 서초를 가로지르는 하천은 평상시는 주민들의 휴식 공간이지만, 폭우 시에는 위험 장소가 될 수 있다. 침수 위험 시, 3분 이내에 하천 진출입을 원격으로 차단할 수 있는 시스템을 72곳에 구축했다. 고령화 사회로 진입하면서 홀로 계신 어르신들의 고독감과 안전 문제를 해소하기 위해 AI를 활용한 '스마트 돌봄 서비스'를 도입해 운영 중이다. 이 모두 구민들의 안전을 최우선으로 생각하는 서초의 스마트 행정을 보여주는 한 단면이다.

행정 업무의 효율성을 높이고 주민 접근성을 강화하는 디지털 전환에 집중했다. 구청의 모든 부서에 유료 챗GPT를 도입하여 업무 효율성을 높이고, AI가 전화 민원 응대를 돕는 'AI 전화메모' 서비스를 도입했다. 이는 민원 담당자가 부재중이거나 통화 중일 때 AI가 대신 민원 내용을 접수하는 시스템으로, 민원 서비스 품질이 획기적으로 높아졌다는 평가를 받고 있다.

전국 최초로 전자민원서식 작성 시스템을 도입하여 종이 신청서 없이 스마트폰으로 민원을 쉽고 빠르게 접수할 수 있도록 했다. 또한, '서초 간다go' 서비스를 통해 공무원 업무용 노트북인 '온북'을 활용한 주민등록증 발급 등 모바일 현장 행정서비스를 제공하고 있다. 구청에 오지 않아도 필요한 행정서비스를 받을 수 있도록 주민 편의성을 높였다.

서초구는 자치구 중 유일하게 국내외 스마트 도시로 인정받은 만큼, 빅데이터 기반의 과학 행정에도 앞장서고 있다. 11개 카테고리, 480여 종의 공공 데이터를 통합한 '서초 빅데이터플랫폼'을 구축해 실시간 도시 현황, 분야별 지표 등을 시각화하여 제공하고 있다. 이를테면 주·정차 CCTV 입지 선정 시, 과거 단속 민원 데이터 등을 활용해 최적의 위치를 예측하는 등 데이터에 기반한 과학적인 의사 결정을 통해 주민 불편을 선제적으로 해결하고 있다.

스마트 서초는 품격 있는 미래를 향한 약속

주민들이 손안에서 서초의 다양한 도시 정보를 확인할 수 있도록 '서초 스마트시티' 앱도 운영하고 있다. CCTV 위치, 금연·흡연구역, 전기차 충전소, 탄소제로샵 위치 등 15개 항목의 생활 안전과 도시 정보를 제공해 주민들이 더욱 편리하고 안전하게 서초를 이용할 수 있도록 돕고 있다.

2024년 5월 29일 열린 서울 AI 허브 개관식. 서초구는 자치구 중 유일하게 국내외에서 스마트 도시로 인정받고 있으며 빅데이터 기반의 과학 행정에도 앞장서고 있다.

서초구가 혁신적인 자세로 AI 기술을 행정에 도입해 민간 못지않은 서비스 품질 향상과 업무 생산성을 끌어내고 있다는 평가를 받고 있다. 서초의 스마트 혁신은 단순히 최첨단 기술을 도입하는 것을 넘어서 주민들의 삶을 더 안전하고, 더 편리하며, 더 풍요롭게 만드는 과정이다.

서초의 품격은 화려한 건물이나 경제적 번영뿐만 아니라, 이러한 세심한 스마트 행정을 통해 구현되는 '삶의 질'에서 구현되는 것이다. 행정이 현실에서 효과를 발휘할 때 주민의 삶은 바뀐다. 다양한 행정 분야에서 AI를 활용해 주민들에게 더 나은 창의적이고 효율적인 행정서비스 제공으로 주민과의 약속을 지켜 가겠다.

02

고품격 글로벌 도시
서초를 향해

따뜻한 법의 도시,
아·태 사법정의 허브

헌법 제11조는 '모든 국민은 법 앞에 평등하다'고 명시하고 있다. 법의 도움을 쉽게 받을 수 없고, 차별과 불평등이 만연하다면 그 사회에는 사법정의가 없는 것이다. 사법정의가 굳건히 살아 있는 사회가 건강한 선진사회라고 생각한다.

법은 우리 삶의 중요한 부분이지만, 때로는 어렵고 멀게만 느껴지기도 한다. 법은 전문가들만의 영역이 아닌, 모든 국민의 삶을 지키고 더 나은 방향으로 이끄는 따뜻한 국민의 동반자가 되어야 한다고 믿는다. 법이 모든 국민의 동반자가 될 때, 사법정의가 실현 가능하다.

서초구는 대법원과 대검찰청, 대한변호사협회 등 핵심 사법기관이 집약된 법조 클러스터이다. 서초만의 이 특별한 자산을 구민의 삶에 실질적인 도움을 주는 살아있는 '사법정의 허브'로 만들어갈 계획이다.

문턱을 낮추고 구민 곁으로 찾아가는 법률 서비스

"구청장님, 저희 작은 가게가 임대차 문제로 어려움을 겪고 있었는데, 변호사 상담은 비용이 너무 부담스러웠어요. 그런데 구청에서 무료로 상담해 주신 덕분에 해결의 실마리를 찾았습니다. 정말 막막했는데 한 줄기 빛 같았어요."

자영업을 하시는 한 주민이 'OK생활자문단'을 통해 법률 상담을 받고 구청장인 내게 감사의 인사를 전해왔다. 법률문제는 누구에게나 찾아올 수 있다. 그런데 정보 부족과 높은 비용 때문에 쉽게 도움을 받지 못하는 경우가 많다. 특히 경제적 어려움을 겪는 이들에게 법률 서비스란 언감생심이다.

서초구는 구민들의 이런 법률적 어려움을 해결하기 위해 '서초OK생활자문단 무료상담'을 운영하고 있다. 법무뿐만 아니라 세무, 건축, 노무, 변리 등 다양한 분야의 전문가들이 매주 월요일부터 금요일까지 구청 OK민원센터에서 상담을 진행하고 있다. 전화 상담과 온라인 상담도 병행하여 구민들이 언제 어디서든 편리하게 전문가의 도움을 받을 수 있도록 법률 서비스 문턱을 낮췄다.

"상속 문제로 가족 간에 갈등이 있었는데, 상담을 받고 나니 마음이 훨씬 편해졌어요. 복잡한 법률 내용도 쉽게 설명해 주시어 쉽게 이해할 수 있었어요."

세빛섬에서 열린 HCCH 헤이그국제사법회의 아·태주간 폐막식에서 사법정의 허브 비전을 소개했다.

무료법률 서비스가 단순한 법률 지식 전달을 넘어, 구민들의 마음까지 헤아리는 따뜻한 소통의 장이 되고 있었다.

이와 함께 동 주민센터에서도 '마을변호사', '법률홈닥터'를 통해 무료법률 상담 서비스를 제공하고 있다. 주민들이 가까운 곳에서 법률 전문가의 도움을 받을 수 있도록 내린 조치였다. 이는 법률 복지를 강화하여 단 한 명의 주민도 법의 보호에서 소외되지 않도록 하는 주민에 대한 약속이다.

사법정의 허브, 법률 문화 중심지로 육성

서초는 대한민국 사법의 중심지라는 특별한 위상을 갖고 있다. 사법 중심지 위상에 걸맞게 서초역 주변으로 대법원, 대검찰청, 대한변협 등을 품고 있는 지역을 '사법정의 허브'로 지정했다. 사법정의 허브 구역은 서초역에서 누에다리에 이르는 반포대로와 서리풀 터널부터 교대역까지의 서초대로를 중심축으로 한 53만 6,000㎡에 이른다.

지정 고시로 '사법정의 허브' 조성에도 탄력이 붙었다. 현재 디자인 개발 및 경관 개선 용역을 진행 중이다. 사법정의를 테마로 한 조형물 등 특색 있는 시설물을 설치하고 주변 환경을 개선하여 스토리가 있는 특화 거리로 조성한다.

그동안 엄숙하고 딱딱한 법의 모습을 벗고, 참여하여 함께 즐길 수 있는 법 문화의 거리로 다가간다. 이곳에서는 주민들이 법을 더욱 친근하게 느낄 수 있는 다양한 문화 행사가 열린다. 법의 역사와 사법 제도를 체험할 수 있는 전시회, 영화상영, 콘서트 등 다채로운 프로그램으로 법이 우리 삶의 중요한 부분임을 자연스럽게 깨우치도록 한다. 사법정의 허브 지정을 시작으로 서초구 법조단지 일대를, 대한민국을 대표하는 법률 문화 중심지로 육성해 갈 계획이다.

아·태 사법정의 허브로 도약

서초구는 법조단지 일대를 세계적인 사법 중심지인 네덜란드 헤이그를 롤모델 삼아 '아·태 사법정의 허브'로 도약하려는 큰 비전을 그리고 있다. 네덜란드 헤이그가 국제형사재판소, 국제사법재판소, 국제중재재판소 등이 모여 국제 사법 중심지가 된 것처럼, 서초구도 법조단지를 활발한 국제 법률 교류의 장과 사법 서비스의 대중화를 이끌어 가는 사법정의의 메카 도약을 목표로 하고 있다.

서초구는 이미 아·태 사법정의 허브를 목표로 '사법정의 허브 조성 학술연구용역'을 시작으로 두 번에 걸친 학술대회를 개최했다. 학술대회에서는 국내외 법조계, 학계, 정부 관계자들이 한자리에 모여 아시아인권재판소 등 국제기구 유치와 아시아 인권 협약 체결의 필요성에 대해 열띤 토론을 펼쳤다.

서초역 사거리에는 887년 동안 자리를 지켜 온 향나무가 한 그루 있다. 1968년 서울시 보호수로 지정돼 가치를 인정받아 관리되고 있다. 이 '천년향' 향나무는 시간과 세월, 절개와 정의의 정신을 닮아 사법정의의 상징이 되고 있다.

"혼자 가면 빨리 갈 수 있지만, 함께 가면 멀리 갈 수 있다"는 아프리카 속담처럼, 원대한 꿈을 이루기 위해서는 여러 관계기관과 주체가 한 팀이 되어야 한다. 학술대회에서 나온 의견들을 수렴해 외교부, 법무부, 서울시 등과 구체적 협력 방안을 모색하며 본격적인 실행 준비도 진행 중이다. 학술대회는 연례행사로 정착시켜 지속적인 논의의 장을 마련할 것이다.

법은 약자를 보호하고 사회의 질서를 유지하는 최후의 보루여야 한다. 서초구의 '사법정의 허브' 추진은 단순히 물리적인 공간 조성을 넘어, 법률 서비스의 접근성을 높이고, 법의 정신을 문화적으로

서초역 사거리에 위치한 향나무. 887년 동안 자리를 지켜 온 이 나무는 시간과 세월, 절개와 정의의 정신을 닮아 사법정의의 상징이 되고 있다.

확산하며, 국제적인 사법정의 실현에 기여를 목표로 한다. 서초는 법률이 주민의 삶에 든든한 울타리가 되는 공정하고 따뜻한 법의 도시를 지향한다.

> 기고문

서초역 향나무를 바라보며

매일경제

서초역 향나무를 바라보며

기 고
전성수
서울 서초구청장

9백년 동안 자리 지킨 향나무
사법정의 보여주듯 늘 '꼿꼿'
서초 '아태 사법메카' 잰걸음

우리나라 국민이 가장 좋아하는 단어는 무엇일까? 아마 '정의'일 것이다. 고대 그리스 철학자 플라톤부터 '정의란 무엇인가'의 저자 마이클 샌델 하버드대 교수에 이르기까지 인류 역사에서 늘 뜨거운 화두가 돼왔다.

서초구에는 대한민국 정의의 역사, 대법원의 태동부터 사회를 뒤흔든 주요 판결까지 오롯이 지켜본 산증인이 있다. 바로 초서역 사거리의 '향나무'다.

설화가 전해진다. 조선시대 비운의 왕 단종이 강원도 영월로 유배 가는 길도 지켜봤다고 한다. 고려·조선 왕조의 흥망성쇠, 일제강점기, 광복 80년 역사의 풍파 속에서 지금의 '대한민국 서초구'에 대법원과 반포대로가 생기는 상전벽해를 온몸으로 겪어냈다.

강인한 생명력으로 큰 도로 한가운데서도 살아남고, 세파에 흔들리지 않는 꼿꼿함이 우리가 그

으로, 서울시 전체의 3분의 1을 차지한다.
우리 구는 이러한 서초의 풍부한 인적·물적 인프라를 토대로, 아시아·태평양 지역 '사법정의의 메카'로 발돋움하기 위해 힘을 모으고 있다. 국제사법·형사·중재재판소 3개의 사법기관이 집적된 세계적인 법률 중심지, 네덜란드 헤이그를 롤모델 삼아 '아태 사법정의 허브'라는 청사진을 구체화하기 시작했다.
먼저, 지난해 서초역 인근 반포대로와 서초대로 약 53만6000㎡를 '아태 사법정의 허브'로 지정 고시하고 선포식과 공청회를 진행했다. 이어서 외교부, 법무부, 서울

우리나라 국민이 가장 좋아하는 단어는 무엇일까? 아마 '정의'일 것이다. 고대 그리스 철학자 플라톤부터 '정의란 무엇인가'의 저자 마이클 샌델 하버드대 교수에 이르기까지 인류 역사에서 늘 뜨거운 화두가 돼왔다.

서초구에는 대한민국 정의의 역사, 대법원의 태동부터 사회를 뒤흔든 주요 판결까지 오롯이 지켜본 산증인이 있다. 바로 서초역 사거리의 '향나무'다. 무려 900년 가까이 비바람을 이겨내며 뿌리내린 서초역 향나무, 일명 '천년향'은 정의의 수호신처럼 서초역 일대의 사법기관을 지켜보고 있다.

서울시 보호수 최고령 수목인 이 향나무는 고려 태조 왕건의 후손이 나라 발전을 위해 심었다는 설화가 전해진다. 조선시대 비운의 왕 단종이 강원도 영월로 유배 가는 길도 지켜봤다고 한다. 고려·조선 왕조의 흥망성쇠, 일제강점기, 광복 80년 역사의 풍파 속에서 지금의 '대한민국 서초구'에 대법원과 반포대로가 생기는 상전벽해를 온몸으로 겪어냈다. 강인한 생명력으로 큰 도로 한가운데서

도 살아남고, 세파에 흔들리지 않는 꼿꼿함이 우리가 그토록 바라는 '사법정의'의 얼굴과 닮아 있다. 전지적 향나무 시점으로 바라본 서초역 사거리 일대는 대법원, 대검찰청, 대한변호사협회 등이 모여 있는 명실상부 대한민국 대표 법조 클러스터다. 서초구에 둥지를 틀고 있는 변호사만 약 9,000명으로, 서울시 전체의 3분의 1을 차지한다.

우리 구는 이러한 서초의 풍부한 인적·물적 인프라를 토대로, 아시아태평양지역 '사법정의의 메카'로 발돋움하기 위해 힘을 모으고 있다. 국제사법·형사중재재판소 3개의 사법기관이 집적된 세계적인 법률 중심지, 네덜란드 헤이그를 롤모델 삼아 '아태 사법정의 허브'라는 청사진을 구체화하기 시작했다.

먼저, 지난해 서초역 인근 반포대로와 서초대로 약 53만 6,000㎡를 '아태 사법정의 허브'로 지정 고시하고 선포식과 공청회를 진행했다. 이어서 외교부, 법무부, 서울시, 법조인 등 200명이 모인 학술대회를 두 차례 열어 '사법정의 허브' 조성에 지혜를 모았다. 아울러 대법원, 서울고등법원, 대검찰청에서 진행한 사법견학 프로그램에는 500여 명의 지역주민이 참여해 사법 문화에 대한 높은 관심을 입증했다.

올해는 일상 속에서 사법정의의 가치를 느낄 수 있는 인프라도 새롭게 조성한다. 이번달 개소하는 '사법정의 허브 서초역 라운지'는 법률 세미나, 법조인의 코워킹, 법률 상담 공간으로 활짝 열린다. 또 서초역 향나무까지 도보로 다가가 향유할 수 있는 개방 공간도 마련해 접근성을 높인다.

주변엔 후계목도 심어 향나무가 품은 '사법정의'의 가치가 더 오래오래 뿌리내리도록 힘을 보탠다. 정의는 멀리 있는 게 아니다. 향나무와 눈인사하는 출근길, 우리 일상에 자연스레 스며들 것이다.

요즘 '사법정의'가 또다시 뜨거운 화두다. "지연된 정의는 정의가 아니다"라는 오랜 법언이 있듯, 정의도 타이밍이 중요하다. 오늘도 서초역 사거리 한복판에서 우리를 지그시 내려다보고 있는 향나무. 그 눈에 담긴 천칭저울을 떠올리며 사법정의의 가치를 되새겨본다.

(매일경제, 2025.3.12.)

서초와 세계를 잇는 풀뿌리 외교

'지방정부의 역할은 어디까지일까'라는 질문을 늘 던지곤 한다. 국가 간의 외교는 중앙정부의 몫이지만, 도시와 도시, 개인과 개인이 직접 교류하는 '풀뿌리 외교'야말로 가장 견고하고 지속 가능한 협력관계를 구축하는 길이라고 믿는다. 작은 씨앗에서 거대한 나무가 자라듯, 지역 단위의 협력이 쌓여 국가 간의 굳건한 우호로 이어질 수 있는 것이다. 구청장 취임 이후, 해외 자매 및 우호 도시들과의 협력을 통해 서초의 위상을 드높이고 국가 간의 기초적인 협력관계를 견고히 하는 노력을 우선 과제 중 하나로 삼았다.

마음을 잇는 서초다움

해외 도시들과의 교류는 의례적인 방문이나 협약 체결에 그쳐서는 안 된다고 생각한다. 진정한 협력은 서로의 문화를 이해하고, 실질적인 이익을 나누며, 미래를 함께 모색하는 과정에서 피어난다.

나는 서초가 가진 고유의 '서초다움'을 바탕으로 해외 도시와의 교류를 추진했다. 서초는 한국 전통의 아름다움과 현대적인 감각이 조화롭게 어우러진 도시이다. 여기에 첨단 AI 기술의 중심지로 도약하는 양재 AI 특구까지, 서초는 다양한 매력을 갖고 있다. 이러한 서초의 강점들을 해외 도시에 알리며, 상호 협력의 가능성을 타진했다.

현재 서초구는 해외 24개 도시들과 다양한 형태의 교류를 이어오고 있다. 프랑스 파리 15구와의 문화 교류는 서초의 예술적 품격을 세계에 알리는 중요한 통로가 되었다. 파리 15구는 에펠탑과 센 강변의 아름다움으로 유명하며 다양한 예술가들이 활동하는 문화의 중심지이다. 서초는 파리 15구와의 협력을 통해 서초의 자랑스러운 문화예술 단체들을 파리에 파견하여 한국 전통음악과 현대 공연의 아름다움을 알렸다. 또한 파리의 수준 높은 공연과 전시를 서초에 초청해 주민들이 세계 문화와 만날 기회를 확대해 갔다.

우리 서초구 대학생들이 파리 15구 대학생들과 격년제로 상호 교차 방문하여 지역 학생들과 공부 모임을 하고 있다. 이러한 교류는 언어의 장벽을 넘어 마음과 마음을 잇는 가장 강력한 외교 수단이 되고 있다.

영국의 킹스턴구는 템스 강변에 위치한 유서 깊은 도시이자, 킹스턴대학교 등 우수한 교육 기관이 있는 교육 도시이다. 서초 또한 대한민국 최고의 학군을 자랑하며 미래 인재 양성에 힘쓰고 있다.

나는 킹스턴구와의 협력을 통해 서초의 청소년들이 글로벌 리더로 성장할 기회를 마련했다. 미래 세대 간의 직접적인 교류는 양 도시의 우호 관계를 더욱 굳건하게 만든다. 이는 글로벌 인재 양성이라는 공동의 목표를 향해 나아가는 중요한 발걸음이 되고 있다.

일본 스기나미구와의 지역 공동체 및 생활 행정 교류는 서초의 풀뿌리 민주주의를 더욱 단단하게 만들었다. 도쿄의 스기나미구는 주민 참여와 지역 공동체 활성화에 대한 노하우가 풍부한 지역으로 유명하다. 물론 서초도 주민들의 높은 참여 의식과 공동체 활동이 활발한 도시이다. 양 도시가 서로의 경험을 나누며 생활 밀착형 행정의 지혜를 얻는 과정은 서초다움을 더욱 깊게 이해하는 소중한 계기가 되었을 것이다.

튀르키예 이스탄불 시실리구와 도시 재생 및 문화유산 보존 협력은 서초의 역사와 미래를 잇는 중요한 시도였다. 시실리구는 이스탄불의 현대적인 중심지이면서도 오랜 역사적 건축물과 다양한 문화가 공존하는 도시이다. 서초 또한 재건축과 도시 개발이 활발히 진행되면서도, 말죽거리와 양재천의 역사적 유산과 자연자원을 보존하려는 도시로 알려져 있다.

호주 퍼스 시와의 학술 및 연구 교류는 서초의 지식 기반을 확장할 수 있는 중요한 계기가 됐다. 퍼스 시는 서호주의 주도로, 세계적인 명문 대학교들과 연구기관이 밀집해 있어 학술 연구 분야에서 뛰어난 역량을 자랑한다. 서초와 퍼스, 양 도시가 양재 AI 특구 등을 통한 첨단 기술 연구를 협력해 간다면 매우 유익한 협력관계 모델로 자리 잡을 것으로 보인다.

해외 자매 및 우호 도시들과의 협력을 통해 서초가 가진 잠재력과 국제적인 영향력을 다시 한번 확인할 수 있었다. 이처럼 도시 공공외교로 쌓아가는 신뢰와 우정은 국가 간의 외교 관계를 더욱 돈독하게 지탱하는 보이지 않는 힘이 되기도 한다. 서초 구민들이 세계 여러 도시와 교류하며 문화를 이해하고, '세계 시민'으로 성장하는 것 자체가 대한민국의 외교 역량을 강화하는 길이라고 믿는다.

기고문

K클래식을 더한 지자체 음악외교의 힘

한국 창작 뮤지컬 '어쩌면 해피엔딩'이 가장 권위 있는 공연계 시상식인 토니상에서 6관왕을 차지하며 K뮤지컬 역사를 새로 썼다. 영화 '기생충'의 아카데미상과 드라마 '오징어 게임'의 에미상 수상에 이은 우리 문화의 쾌거다. 실시간으로 쏟아지는 반가운 뉴스는 K컬처 전성시대를 살아가는 국민들에게 뿌듯한 행복을 느끼게 한다.

쇼팽 국제 콩쿠르에서 한국인 최초로 우승한 피아니스트 조성진, 밴클라이번 콩쿠르에서 최연소 우승한 또 다른 피아니스트 임윤찬 등이 불러온 K클래식 열풍도 계속되고 있다. '문화예술도시'를 표방한 서울 서초구는 이러한 열기를 담아 음악 외교를 이어오고 있다. 배종훈 지휘자가 이끄는 서초교향악단은 2016년 창단 이래 꾸준히 6·25전쟁 참전국으로 날아가 참전용사와 가족 등에게 감사의 공연을 펼쳐 오고 있다. 특히 2년 전 미국 뉴욕 카네기홀에서 열린 '한국전쟁 기념콘서트'에서는 세계적인 소프라노 조수미와 '아리랑' 피날레 무대로 진한 감동을 선사했다.

이러한 보훈 음악 외교는 대한민국 '클래식 1번지' 서초의 예술 자산을 활용한 고품격 도시 외교다. K클래식 중심에 있는 기초지방자치단체로서, 서초다운 방식으로 '은혜를 잊지 않는 대한민국'을 널리 알리고 있는 것이다. 나라와 도시의 품격은 국가를 위해 헌신한 이들에 대한 존경과 감사를 통해 더해진다. 최근 서울시는 광화문광장에 유엔 22개 참전국을 기억하는 '감사의 정원' 조성 계획을 발표했다. 참전용사와 후손에게는 자긍심을, 시민들에게는 감사와 존경을 떠올리게 할 뜻깊은 명소가 될 것이다.

광복 80년, 6·25전쟁 75주년인 올해도 서초의 보훈 음악 외교는 계속된다. 서초교향악단은 4월 미 워싱턴 공연에 이어, 7월 독일 베를린과 영국 런던, 11월 과테말라와 멕시코 순회공연을 앞두고 있다.

우리 예술가와 6·25전쟁 때 우리를 도와준 나라의 예술가가 빚어낼 환상의 하모니는 세계 곳곳에 평화의 울림을 남길 것이다. K클래식과 함께하는 이 감사의 여정이 미래 세대에 '네버엔딩 스토리'로 이어지길 바란다.

(동아일보, 2025.6.26.)

'혈맹' 태국 파타야 시와 '형제의 나라' 튀르키예

   2023년 2월 10일, 서초구 대표단은 우호 교류를 협의하기 위해 태국을 방문했다. 나에게 태국은 각별한 나라다. 2013년 6월부터 2년 2개월간 주태국 대한민국 대사관 총영사로 일했다.

   2016년 1월에는 인천광역시 행정부시장으로서 태국 정보통신기술부 주최 '2016 소프트웨어 엑스포 아시아'에 참석, 인천의 스마트 'U-City' 모델을 태국에 전파하기도 했다. 7년여 만에 서초구청장이 되어 다시 방문하니, 당시 인연과 추억이 새록새록 살아나 감회가 새로웠다.

   먼저 아름다운 바다, 다채로운 문화 등 최고 관광도시 '파타야 시'를 방문해 문화·체육·관광·스마트시티 등 다양한 분야에서 우호 협력을 논의했다.

   파타야 시의 포라멧 남피쳇 시장과 관계자의 진심어린 환영에 마음이 훈훈해졌다. 한·태간 아름다운 가교 역할을 해오고 있는 KTCC 홍지희 대표와 이유현 이사, 세계한인태권도협회 정성희 사

2023년 2월 10일, 서초구 대표단은 우호 교류를 협의하기 위해 태국을 방문했다. 2013년부터 2년 2개월간 주태국 대한민국 대사관 총영사로 일한 경험이 있어 더욱 각별했다.

무총장의 진심 또한 감동이었다. 파타야 시와 서초구가 미래를 향해 함께 힘차게 나아가기를 바라는 마음이 전해졌길 바란다.

이날 한국전 참전부대(왕비근위 21보병연대)를 찾아 참배를 드렸고, 그 전날 한국전 참전용사협회(태국 왕실 후원)를 방문했다. 태국은 한국전쟁 때 아시아 최초로 육군, 해군, 공군에 적십자까지 1만 5,000여 명을 파병하였고, 미국 이외에 가장 늦게까지 남아 대한민국의 자유와 평화를 지키는 데 크게 헌신하였다. 대한민국이 어려울 때 따뜻한 손을 잡아준 마음과 숭고한 희생을 70여 년이 지난 오늘 더욱 각별히 되새긴다. 서초구청장으로서 첫 해외 출장길에 태국 참전용사 분들을 가장 먼저 찾은 이유이기도 하다.

튀르키예 지진에 즉각 도움의 손길 보내

　태국 출장 나흘 전, 튀르키예 동남부에서 발생한 7.8도의 강력한 지진으로 2만 900여 명의 사망자가 발생했다는 비보를 접했다. 지진 피해로 튀르키예 국민들을 위해 즉각 도움의 손길을 보냈다. 서초구에서 준비한 구호 물품은 추위 방지용 담요와 영유아를 위한 기저귀였다. 이틀간 급히 마련하여 내가 파타야 시를 방문한 당일 발송했다는 보고를 받았다. 16년째 협력해 온 서초구 우호도시 이스탄불 시실리구를 통해 지진 피해지역으로 신속히 전달되었다.

　2007년 우호도시 협정체결을 맺은 이래로 이스탄불 시실리구와 서초구는 재난상황과 관련된 국제적 공조를 꾸준히 이어왔다. 2020년 5월에는 서초구가 시실리구에 코로나19 예방 향균필름을 지원하고, 2022년 10월 이태원 참사 때는 시실리구에서 위로 서신을 보내는 등 연대와 협력이 이어지고 있다.

　튀르키예도 태국처럼 한국전 참전국가로 2만여 명을 파병하여 우리가 어려울 때 따뜻한 손을 잡아준 형제 국가다. 서초구의 구호물품이 큰 어려움을 겪은 튀르키예 국민들에게 조금이나마 위로가 되었기를 기도한다.

아프리카 가나 학생들,
서초 매력에 '퐁당'

　2024년 7월, 멀리 아프리카에서 아주 특별한 손님들이 찾아왔다. 가나 중학생 대표단 10명과 인솔자 3명이 서초구를 방문한 것이다. 앞서 서초구 대표단이 가나 수도 아크라를 방문해 유네스코 한국·가나위원회와 3자 협약을 맺은 것이 교육 교류를 통한 공공외교의 첫 시작이었다.

　먼저 상상카페에서 환담을 나누며 가나 학생들과 소통하는 시간을 가졌다. 점심으로 동덕여자중학교 학생들과 떡볶이를 만들어 먹었다는 말에 '아이고, 너무 매울 텐데!' 라는 생각에 눈이 휘둥그레졌다. 그런 내 모습이 재미있었는지, 아니면 속마음을 읽기라도 한 건지 가나 학생들은 까르르 웃으며 "간장 떡볶이였어요"라고 말해줬다. 나중에 안 사실이지만, 가나 사람들은 고추장만큼이나 매운 '시토shito' 소스를 즐긴다고 한다. 역시 배움에는 끝이 없다.

　유쾌한 환담 후, 가나 학생들은 구청 1층 OK민원센터를 방문했다. 자율주행 민원안내 로봇 '행복이'를 통해 민원 안내를 받고, QR

가나 중학생 대표단 10명과 인솔자 3명이 서초구를 방문했다. 가나 학생들은 관내 학교에서 음악 수업 등을 함께 들으며 한국 학생들과 특별한 교감을 나눴다.

코드를 통해 민원 서식을 받는 등 스마트 민원 처리 시스템을 경험하기도 했다. '행복이'의 얼굴을 만지며 즐거워하는 가나 학생들을 보니 내 마음에도 뿌듯함과 기쁨이 한껏 차올랐다.

가나 학생들과 함께한 1인 1악기 수업

나는 우리 아이들이 폭넓은 경험을 통해 내면이 꽉 찬 사람으로 성장하기를 바란다. 서초구와 가나 학생들의 교류도 이러한 염원이 반영된 소중한 결실이었다. 가나 학생들은 구청 방문은 물론, 관내 학교에서 음악 수업 등을 함께 들으며 한국 학생들과 특별한 교감을 나눴다. 양국 학생 모두에게 문화적 다양성에 대한 이해와 존중, 국제적 시각과 역량을 체득하는 기회가 됐을 것이다.

서초구는 명실공히 '문화예술의 도시'답게 문화예술 분야에서 선도적인 교육정책을 펼치고 있다. 가나 학생들도 참여한 '1인 1악기 수업'은 관내 모든 초등학교에서 시행 중이다.

이에 더해 '1학교 1오케스트라'를 목표로 잠원초와 교대부초, 우솔초, 서원초를 '사운드 오브 서초 오케스트라 선도학교'로 운영하고 있다. 선도학교에는 악기 구매비 최대 3억 원과 음악예술실 조성비 1억 원, 전문 악기 강사 연간 2,000시간 파견 등 아낌없는 지원을 한다. 이는 악기 연주와 오케스트라 무대라는 특별한 경험의 문턱을 낮춰 누구나 예술적 재능을 발견하고 꽃피울 수 있는 '서초 미래'를 위한 밑거름이다.

이렇듯 아이들에게 무궁무진한 가능성을 발견할 기회를 주고, 아낌없이 지원하는 교육정책이야말로 우리가 바라는 내일을 창조할 힘이 되리라 믿는다. 지속적인 교육 교류를 통해 언젠가 서초구와 가나 학생들이 아름다운 선율로 협연할 날을 고대한다.

양재천변에 심은 자유 민주주의, 하벨 벤치

양재천변을 거닐 때면, 자연이 선사하는 평화와 활력에 깊이 감사하곤 한다. 이 평화로운 양재천의 바람 속에서 아주 먼 곳, 체코 프라하의 한 인물이 남긴 숭고한 정신을 떠올린다. 체코의 초대 대통령인 민주주의의 상징, 바츨라프 하벨 Václav Havel의 이야기다.

양재천변에 심은 민주주의의 씨앗

하벨 대통령은 단순히 한 나라의 지도자를 넘어, 자유와 민주주의, 인간 존엄의 가치를 온몸으로 실천한 위대한 사상가이자 예술가였다. 그의 삶과 철학은 나에게 깊은 감동을 주었고, 그의 정신을 구민들과 함께 나누고 싶었다.

그의 정신을 담은 하벨 벤치는 '대화와 소통을 위한 공간'으로 전 세계 곳곳에 조성되고 있다. 두 개의 의자와 원탁을 관통하는 나무로 구성된 이 벤치는 하벨 대통령이 강조했던 '열린 대화'와 '공감'을

이반 얀차렉 주한 체코 대사와 함께 양재천 인근에 설치된 하벨 벤치에 앉아 그의 정신을 기렸다. 바츨라프 하벨은 체코의 초대 대통령으로 민주주의의 상징과도 같은 존재다. 두 개의 의자와 원탁을 관통하는 나무로 구성된 이 벤치는 하벨 대통령이 강조했던 '열린 대화'와 '소통'을 떠올리게 한다.

상징한다. 한편 양재천에 하벨 벤치를 설치하는 것은 대한민국 서초구와 체코공화국 간의 깊은 이해를 바탕으로 이루어져야 할 외교적, 문화적 교류의 장을 열기 위한 것이다. 특히 한국수력원자력이 체코 신규 원전 사업의 우선협상대상자로 선정돼 양국 간 경제협력이 새로운 도약대에 서게 된 시점에서, 하벨 벤치가 단순한 기념물을 넘어 두 나라의 미래지향적 협력의 상징이 될 것으로 믿었다.

나는 주한 체코 대사관과 긴밀한 협의를 통해 이 프로젝트를 추진했다. 2025년 4월 1일, 서초구청에서 주한 체코 대사관과 '바츨라프 하벨 벤치 조성 및 우호협력 증진을 위한 업무협약'을 체결하며 첫발을 내디뎠다. 체코 측에서도 하벨 대통령의 정신이 한국의 수도 서울, 특히 품격 있는 서초구에 자리 잡는 것에 큰 의미를 부여하며 적극적으로 협력해 주었다. 양국 외교관들과 실무진들이 수없이 머리를 맞대고 논의하여, 벤치의 디자인부터 설치 장소, 제막식 행사까지 세심하게 준비했다.

마침내 2025년 5월 26일, 양재천 수변무대 맞은편에 하벨 벤치가 그 모습을 드러냈다. 체코에서 직접 수송한 원형 테이블과 의자 두 개, 그리고 충북 단양군이 기증한 복자기나무가 어우러져 푸른 잔디 위에 놓인 벤치는 마치 오랜 시간 그 자리에 있었던 것처럼 자연스럽게 양재천 풍경에 스며들었다. 현대자동차의 물류 및 설치 지원도 큰 힘이 되었다. 제막식 날, 이반 얀차렉 주한 체코 대사와 많은 내외빈, 그리고 서초 구민들이 함께 모여 하벨 대통령의 정신을 기렸다. 벤치에 앉아 양재천의 물소리를 들으며 잠시 눈을 감았을 때, 하벨 대통령이 꿈꿨던 '진정한 대화'와 '자유'의 가치가 양재천의 바람을 타고 서초 구민들의 마음속에 스며드는 것처럼 느껴졌다. 이 작은 벤치 하나가 양국의 우호 증진과 민주주의 가치를 공유하는 살아있는 상징이 되었다.

세계 시민의식의 약속

양재천에 설치된 하벨 벤치는 나에게 많은 것을 가르쳐주었다. 행정은 주민 불편 해소와 도시 발전을 넘어, 보이지 않는 가치와 정신까지 심어주는 것이라는 것을. 그리고 더 나은 미래를 함께 만들어가는 과정이라는 것을. 하벨 벤치는 서초 구민들에게 민주적 소통과 화합의 정신을 일깨우고, 서로 다른 문화와 가치를 존중하며 '세계 시민의식'을 함양하는 중요한 역할을 할 것이다.

많은 이들이 하벨 벤치를 찾고, 하벨 대통령의 정신을 되새기며 소통과 대화의 시간을 가질 수 있도록 지속적으로 관리할 것이다. 바츨라프 하벨 국제공항이 위치한 '프라하 6구'와의 우호도시 협약 체결을 통해 체코와 교류가 더욱 활성화되길 바란다.

기고문

양재천 '하벨의 벤치'에서

최근 서울 서초구는 주한 체코공화국 대사관과 협약을 체결했다. 양재천에 '하벨의 벤치'를 조성하기 위해서다. 이는 일평생 '대화와 소통'을 강조한 바츨라프 하벨 체코 초대 대통령의 뜻을 기리자는 것이다. 국제적인 공공미술 프로젝트로 미국·영국·프랑스 등 전 세계 18기국에 설치됐으며 우리나라에는 시초구 양재천에 최초로 설치된다. 하벨 전 대통령은 체코의 40여년 공산주의 체제를 평화적으로 무너뜨린 '자유 민주주의'의 상징이다. 1993년 국민의 뜻에 따라 체코 공화국의 초대 대통령으로 취임해 분열된 나라를 대화와 소통으로 하나로 만들었다. 서거 이듬해인 2012년 그의 이름으로 체코의 수도 프라하의 국제공항 명칭을 바꿀 만큼 체코 국민의 존경을 한몸에 받는 인물이다.

올해 한국과 체코는 수교 35주년을 맞았다. 양국의 관계는 '자유 민주주의'라는 날줄과 '경제 협력'이라는 씨줄이 교차하며 차츰 견고해지고 있다. 이미 굴지의 우리 기업들이 체코에 진출해 활발한 경제 교류를 하고 있다.

특히 서초구에 본사가 있는 현대자동차는 2008년 체코 노쇼비체 공장 가동을 시작으로, 서초구와 닮은 사법도시인 브르노의 홍보 영상을 제작하는 등 우호 관계를 쌓아 왔다. 게다가 한국수력원자력이 중심이 된 '팀 코리아'가 약 26조 원 규모의 체코 원전 사업 수주를 코앞에 두고 있어 '미래 지향적인 동반자'로의 관계 발전이 기대된다. 원전 수출은 한강의 기적을 이룬 대한민국 경제의 자부심으로, 앞으로 한·체코 경제 협력의 새로운 도약점이 될 것이다.

이러한 원전 수출과 한·체코 협력의 상징으로 한국에도 '바츨라프 하벨의 벤치'를 설치하자는 의견이 모아졌다. 하벨재단은 월드컵공원, 한국외대 등 6개 후보지를 두고 고심 끝에 양재천으로 결정했다. 사계절 자연생태와 소통하는 아이들의 웃음소리부터 저녁 산책에 나선 노부부의 다정한 대화까지 세대를 아우르는 양재천의 열린 매력은 하벨의 소통 철학과 맞닿아 있다. '하벨의 벤치'는 양재천에서 유동 인구가 가장 많은 수변무대의 남쪽에 놓이게 된다. 벤치는 원형 테이블을 관통해 '대화의 뿌리'를 내린 나무를 중심으로 의자 2개가 연결된 형태다. 우리나라 고유 수종이자 단풍이 아름다운 복자기나무는 충북 단양군에서 기부했고, 체코에서 공수되는 벤치는 현대자동차가 후원해 설치 과정에도 민관 협력의 씨앗이 심어졌다. 특히 의자가 서로 얘기 나누기 좋은 방향을 바라보고 있어서, 양극단의 갈등으로 분열된 작금의 우리 사회에 절실한 화합의 정신을 떠올리게 한다. '진실과 사랑은 거짓과 증오를 이긴다'는 하벨의 좌우명처럼, 5월 하순 양재천에 자리할 '하벨의 벤치'가 대화가 필요한 우리 사회 구성원 모두에게 새로운 이정표가 되길 바란다.

서초구는 하벨 벤치 조성에 이어 바츨라프 하벨 국제공항이 위치한 '프라하 6구'와의 우호도시 협약으로 다방면에 걸쳐 교류를 이어 갈 예정이다. 프라하를 찾은 한국인들이 바츨라프 하벨 국제공항에서 한글이 병기된 안내판을 보고 뿌듯함과 반가움을 느끼는 것과 마찬가지로, 우리나라를 방문한 체코 국민들은 양재천 '하벨의 벤치'에서 자부심과 환대의 느낌을 갖게 될 것이다. 양재천을 찾는 이들에게 느낌표 가득한 대화의 장이 될 '하벨의 벤치'! 누구와 함께하든, 아름다운 양재천을 바라보며 마음의 문도 활짝 열리기를 기대한다.

(서울신문, 2025.4.29.)

전성수의 화답

초판 1쇄 인쇄 2025년 8월 20일
초판 1쇄 발행 2025년 8월 28일

지은이	전성수
펴낸이	정재학
펴낸곳	퍼블리터
등록	2006년 5월 8일(제2014-000181호)
주소	경기도 고양시 덕양구 꽃마을로 66 한일미디어센터 816호
대표전화	(031)967-3267
팩스	(031)990-6707
이메일	publiter@naver.com
홈페이지	www.publiter.co.kr
페이스북	www.facebook.com/publiter1
블로그	blog.naver.com/publiter
인스타그램	instagram.com/publiter

출판국장	길인수
기획	곽경덕
마케팅	신상준
디자인	정스테파노

가격 20,000원
ISBN ISBN 979-11-993960-0-5

ⓒ 2025 전성수

잘못된 책은 구입한 서점에서 바꿔드립니다. 이 책에 실린 모든 내용, 디자인, 이미지, 편집 구성의 저작권은 퍼블리터와 지은이에게 있습니다. 허락 없이 복제할 수 없습니다.